吉林财经大学资助出版图书

本研究得到国家自然科学基金重点国际（地区）合作研究项目

"基于机会视角的创业生态系统形成机理研究"

（项目号：71620107001）的资助

制度环境、动态能力
对企业创业行为影响研究

刘兆国 ○ 著

中国社会科学出版社

图书在版编目（CIP）数据

制度环境、动态能力对企业创业行为影响研究／刘兆国著—北京：中国社会科学出版社，2022.3

ISBN 978–7–5203–9699–8

Ⅰ.①制… Ⅱ.①刘… Ⅲ.①企业管理—创业—研究—中国 Ⅳ.①F279.23

中国版本图书馆 CIP 数据核字（2022）第 022464 号

出 版 人	赵剑英
责任编辑	黄 晗
责任校对	夏慧萍
责任印制	王 超
出　　版	中国社会科学出版社
社　　址	北京鼓楼西大街甲 158 号
邮　　编	100720
网　　址	http://www.csspw.cn
发 行 部	010–84083685
门 市 部	010–84029450
经　　销	新华书店及其他书店
印　　刷	北京明恒达印务有限公司
装　　订	廊坊市广阳区广增装订厂
版　　次	2022 年 3 月第 1 版
印　　次	2022 年 3 月第 1 次印刷
开　　本	710×1000　1/16
印　　张	14
字　　数	191 千字
定　　价	75.00 元

凡购买中国社会科学出版社图书，如有质量问题请与本社营销中心联系调换
电话：010–84083683
版权所有　侵权必究

前　言

发展战略性新兴产业是促进我国产业结构转型升级和经济发展方式转变的重要支撑。自 2001 年启动 863 计划"电动汽车"重大科技专项以来，我国在国家层面相继出台了近 130 项有关新能源汽车的制度安排（截至 2017 年年底），新能源汽车产业制度环境不断演进，新能源汽车领域创业活动正如火如荼地展开。北汽新能源、比亚迪等传统汽车制造企业纷纷进入新能源汽车领域并取得了良好的市场业绩，蔚来、小鹏等"造车新势力"也不断涌现，越来越多的社会资本也开始参与动力电池、驱动电机与充电桩等新能源汽车产业链中，一时间新能源汽车产业成为创业者关注的热点。在一系列创业活动的促进下，我国新能源汽车关键基础技术研发取得长足发展，相关零部件配套产业实力快速提升，充电桩等基础设施日趋完善，商业模式不断丰富创新。那么，为什么会有这么多企业进入这一领域开展创业，为什么其中一些企业取得了成功？这一创业情境亟需新的理论解释。

制度理论和动态能力理论具有丰富的理论内涵，可以为创业行为提供很好的理论解释。制度理论通过将制度与组织相连接，可以针对复杂系统的组织行为进行研究。制度环境通过塑造政治、社会和经济激励结构，规定并限制了新创企业对资源、机会以及合法性的获取，进而影响新创企业的产生及发展。动态能力理论是在资源基础观（RBV）基础上发展起来的，用于解释企业如何适应快速多变的环境，获取并长期保持竞争优势。动态能力对新创企业资源的可获得性有正向影响，可以帮助企业获取竞争优势。制度理论和动态能力理论为研究企业创业行为提供了新的视角，但如果从单一视角进行分析并不能充分反映企业创业行为的真实情况。制度在对人类行为做出约束的同时提供相应激励机制，进而规范企业行为，但其忽视了企业改变制度与商业生态系统的能力，动态能力理论虽然可以解释企业在动态环境中竞争优势的来源问题，但却忽视了动态能力所根植的环境特征，现有研究不能对特定环境下以动态能力驱动的创业行为提供全面的理论解释。基于上述新的创业情境与理论缺口，本研究将汲取制度理论与动态能力理论丰富的理论内涵，以我国新能源汽车产业制度环境演进历程为实践背景，从融合视角探索制度环境、动态能力间及其对创业行为的影响机理。

在构念操作方面，为了避免多数学者在研究中没有明确界定所采取制度理论的流派从而影响研究结论及其适用性的局限，本研究将采取新制度经济学制度取向，重点从微观层面探讨制度演进对动态能力与企业创业行为的影响机理。为了真实捕捉并反映动态能力内涵，本研究从"能力"与"过程"相融合视角，将动态能力测量维度划分为感知能力、学习能力、整合能力与重构能力四个维度，以避免同义反复。为了打开创业行为"黑箱"，避免从机会或者资源单一视角开展创业行为研究忽略两者之间内在联系的不足，本研究采纳蔡莉、葛宝山等学者提出的"机会资源一体化开发行为"，以相对全面、系统把握创业行为内涵。

本研究采用纵向探索性案例研究法对研究对象进行个案深度纵向分析，在事实基础上进行提炼、完善理论构念并归纳构念间逻辑关系。更为重要的是，采取纵向案例研究可以有效避免现有对创业行为研究使用定量研究所获取的截面数据不能完全反映创业行为全貌的不足，从时间维度上对这种影响机理进行纵向追踪。本研究所选择的代表性企业是北京新能源汽车股份有限公司，其业务范围涵盖新能源汽车整车及零部件研发、生产、销售与售后服务，2017年公司实现新能源整车销售10万辆，蝉联国内纯电动汽车销量桂冠，全球销量也略高于特斯拉。这一案例研究对象的选择也充分了考虑了单案例研究对象的极端性和启发性，保证所得出的研究结论具有更强的解释性。

本研究的主要结论如下：制度环境及其演进所带来的环境动态性是动态能力产生的具体情境，促进了动态能力的产生和发展；动态能力对企业机会识评，资源识别、获取、整合与机会利用等机会资源一体化行为有着重要影响；制度环境通过塑造政治、社会和经济激励结构，影响新创企业对创业机会与资源的识别、获取，进而影响机会利用。基于上述案例讨论中有关制度环境、动态能力对企业创业行为影响机理的分析与探讨，结合北汽新能源在中国新能源汽车制度环境动态演进过程中的具体创业实践，本研究构建了制度环境、动态能力对企业创业行为影响理论模型。在这一理论模型中，制度环境是动态演进与变化的，对企业资源一体化等具体创业行为产生直接影响，动态能力表现为对制度环境的适应与对创业行为的支撑，企业要捕捉并利用制度机会，必须建立并持续提高适应制度环境、不断将机会与资源进行匹配的动态能力。这一理论以企业具体创业行为为着眼点，将外部制度环境与内部动态能力相结合，可以用来解释动态演进制度环境下企业创业行为问题。

针对创业管理研究中现有研究多从制度理论或动态能力理论单一视角进行切入所导致的理论研究盲点以及产业实践领域焦点问题，本研究立足于创业理论的前沿研究，将制度理论与动态能力理论相结合，通过案例研究来揭示制度环境、动态能力对企业创业行为影响机理，具有较强的理论创新性，主要表现在以下三个方面：第一，进一步丰富了制度理论在创业研究中的应用，从微观层面对制度环境对企业创业行为的影响开展了深入探讨；第二，从"能力"与"过程"相融合的视角对动态能力进行概念界定并对其维度进行划分，进一步揭示动态能力对新创企业资源一体化行为的影响；第三，将制度理论与动态能力理论相融合，构建了制度环境、动态能力对企业创业行为影响理论模型，将外部制度环境与企业内部动态能力进行整合，从更为融合的视角为动态制度环境下企业创业行为提供理论解释。

本研究以处于制度环境高度动态演进下的新能源汽车产业的创业活动为实践背景，在梳理制度环境、动态能力对创业行为影响机理的同时，也通过案例研究发现了在制度环境及其动态演进下，企业为了实现机会利用应该如何进行机会识评、资源整合、资源重构，为企业开展相关创业实践提供了经验借鉴，对下一步制度安排的优化方向也得出了相关启示：第一，在动态演进的制度环境中，企业必须形成并依靠敏锐的感知能力对创业机会进行识评；第二，企业需要适时提升自身动态能力，以构建与机会相匹配的资源和能力基础，在实现机会利用的同时获取竞争优势；第三，政府在出台相关制度安排时，应维持制度环境的阶段稳定性，为企业提供明确的激励与约束信号，引导企业开展创业活动。

目　录

第一章　绪论……………………………………………………（1）
　第一节　研究背景……………………………………………（1）
　第二节　研究意义……………………………………………（12）
　第三节　研究目的与研究内容………………………………（17）
　第四节　研究方法与技术路线………………………………（20）

第二章　文献综述………………………………………………（25）
　第一节　制度理论……………………………………………（25）
　第二节　动态能力理论………………………………………（45）
　第三节　创业行为相关研究…………………………………（58）

第三章　理论框架构建与研究设计……………………………（69）
　第一节　理论框架构建………………………………………（69）
　第二节　研究设计……………………………………………（74）

第四章　中国新能源汽车产业制度环境及其演进……………（95）
　第一节　中国进行新能源汽车制度安排背景………………（96）
　第二节　中国新能源汽车制度安排相关研究………………（98）
　第三节　中国新能源汽车制度演进研究方法………………（101）

第四节　中国新能源汽车制度环境演进与剖析……………（103）
　　第五节　中国新能源汽车产业制度安排影响分析…………（114）
　　第六节　中国新能源汽车产业发展存在的问题与
　　　　　　政策建议……………………………………………（120）

第五章　案例素描与发现……………………………………（123）
　　第一节　案例企业背景介绍……………………………………（123）
　　第二节　北汽新能源发展历程…………………………………（126）

第六章　案例讨论与理论模型构建…………………………（147）
　　第一节　案例讨论………………………………………………（147）
　　第二节　制度环境、动态能力对企业创业行为影响：
　　　　　　一个理论模型的构建…………………………………（170）

第七章　研究结论与启示……………………………………（176）
　　第一节　本研究的主要结论……………………………………（176）
　　第二节　本研究的创新性………………………………………（182）
　　第三节　本研究的启示…………………………………………（185）
　　第四节　研究局限与未来展望…………………………………（189）

参考文献………………………………………………………（192）

后　　记………………………………………………………（213）

第一章

绪　论

中国作为世界第一汽车产销大国，随着汽车保有量快速增长，燃油消耗不断增加，城市空气污染日趋严重，雾霾天气频发。一些城市已经采取限购、限行等措施，但效果有限。为提高汽车企业节能减排成效，保证能源安全，抢占新一轮产业竞争制高点，发展新能源汽车产业已成当务之急。为了促进新能源汽车产业发展，中国中央政府和地方政府出台了一系列政策、措施，新能源汽车产业制度环境不断优化、完善。同时，越来越多的企业与社会资本参与新能源汽车产业创业活动中来，一些企业取得了较好的市场业绩。制度理论可以用来研究中国战略性新兴产业企业创业行为，但却不能解释为什么在同一制度环境下企业间的发展差异，亦即企业自身的能力是否会对制度环境对企业创业行为的影响起到影响。因此，从企业内外部双重视角研究制度环境、动态能力对新创企业创业行为的影响机理将具有重要的理论与实践价值。本章将主要介绍本研究开展的背景、研究意义、研究内容与技术路线。

第一节　研究背景

一　理论背景

制度作为"社会的游戏规则"，是人为设计的用以建构人们相互关系的一些制约，为社会活动提供了稳定和有意义的规章、规范和认知结构与行为[1][2]。制度理论研究范围广泛，涵盖了经济学、政治学与社会科学等不同学科，为这些学科提供了具有广泛适用性的理论基础，取得了卓有成效的研究成果，理论重要性越发凸显[3][4]。组织与其外部环境之间的互动关系是组织理论关注的核心议题之一[5]，而制度理论通过将制度与组织相连接，可以针对复杂系统的组织行为进行研究，用来研究在制度化进程中制度环境对组织结构与运行等影响问题。制度环境是企业创业过程中所面临的重要的外部环境[6]，在对人类行为做出约束的同时，也降低了环境不确定性，减少了交易费用，为社会提供了激励机制，并借此与组织之间展开互动[7]。组织通过遵从制度环境的约束，在提高效率的同时也能获取认同与合法性，而这对于新创组织克服"弱性"是非常重要的[8]。制度环境与政府政策对于创业活动至关重要，通过影响

---

[1] Douglass D. North, *Institutions, Institutional Change and Economic Performance*, New York: Cambridge University Press, 1990.

[2] Richard W. Scott, *Institutions and Organization*, Thousands Oak, CA: Sage, 1995.

[3] Paul J. Dimaggio and Walter W. Powell, "Introduction", in Walter W. Powell and Paul J. Dimaggio, eds., *The New Institutionalism in Organizational Analysis*, Chicago: University of Chicago Press, 1991.

[4] 田志龙、张泳：《中国电力行业的演变：基于制度理论的分析》，《管理世界》2002年第12期。

[5] Graham W. Astley and Charles J. Fombrun, "Collective Strategy: Social Ecology of Organizational Environments", *Academy of Management Review*, Vol. 8, No. 4, 1983.

[6] Devi R. Gnyawali and Daniel S. Fogel, "Environments for Entrepreneurship Development: Key Dimensions and Research Implications", *Entrepreneurship Theory and Practice*, Vol. 18, No. 4, 1994.

[7] Mike W. Peng, "Towards an Institution-Based View of Business Strategy", *Asia Pacific Journal of Management*, Vol. 19, No. 2-3, 2002.

[8] 欧湛颖、李新春：《高科技创业：政府与市场的作用》，《学术研究》2010年第5期。

企业创业活动的相对报酬，制度可以决定资源在生产性与非生产性创业活动间的分配，是促进创业的重要影响因素[1]。

制度理论和动态能力理论具有丰富的理论内涵，可以为创业行为提供很好的理论解释[2][3]，越来越成为创业管理研究中的基础视角[4][5]。制度环境塑造了企业外部政治、社会和经济激励结构，影响了新创企业机会识评和资源获取。为了评估创业管理研究领域使用制度理论开展研究的情况，加里·布鲁顿（Garry D. Bruton）、戴维·阿尔斯特罗姆（David Ahlstrom）和李翰林（Han-Lin Li，音译）对1999年1月到2009年1月发表在《管理学会杂志》（Academy of Management Journal）、《管理评论》（Academy of Management Review）、《管理科学季刊》（Administrative Science Quarterly）、《创业理论与实践》（Entrepreneurship Theory and Practice）等9种高水平管理学杂志上的文章进行了梳理与回顾，研究结果显示从1999年制度理论被应用到创业管理研究开始，10年间使用制度理论在创业管理领域开展的研究大幅增长。目前学者们利用制度理论所开展的创业问题研究主要可以分为以下三类：一是研究制度环境对创业活

---

[1] David Ahlstrom and Garry D. Bruton, "An Institutional Perspective on the Role of Culture in Shaping Strategic Actions by Technology Focused Entrepreneurial Firms in China", *Entrepreneurship Theory and Practice*, Vol. 24, No. 4, 2002.

[2] Garry D. Bruton, David Ahlstrom and Han-lin Li, "Institutional Theory and Entrepreneurship: Where Are We Now and Where Do We Need to Move in the Future?", *Entrepreneurship Theory and Practice*, Vol. 34, No. 3, 2010.

[3] David J. Teece, "A Dynamic Capabilities-Based Entrepreneurial Theory of the Multinational Enterprise", *Journal of International Business Studies*, Vol. 45, No. 1, 2014.

[4] Jing Su, Qinghua Zhai and Tomas Karlsson, "Beyond Red Tape and Fools: Institutional Theory in Entrepreneurship Research, 1992 – 2014", *Entrepreneurship Theory and Practice*, Vol. 41, No. 4, 2014.

[5] Maria Minniti, "The Role of Government Policy on Entrepreneurial Activity: Productive, Unproductive, or Destructive?", *Entrepreneurship Theory and Practice*, Vol. 32, No. 5, 2008.

动的具体影响[①②]；二是制度创业问题[③④⑤]；三是合法性的获取[⑥⑦]。从现有研究来看，虽然有关制度环境与企业创业行为文献有助于我们理解制度环境是如何影响企业创业行为的，但由于这些文献的研究情境多为发达国家，所采取的视角也多为从产业层面入手，其制度情境与中国有很大差异，对微观企业创业行为缺少观察。

通过相关文献回顾，可以发现学者们在研究过程中忽略了组织打破平衡并且改变商业生态系统的能力[⑧]，对宏观制度环境对微观企业创业行为的影响关注不足，特别是有关制度环境对新能源汽车企业创业行为的具体影响机理还鲜有研究。从具体研究内容来看，这些研究并没有触及制度环境对创业行为的影响的具体机理和路径，对企业在制度演进过程中对制度环境的适应与应对行为缺乏跟踪。此外，新能源汽车产业作为战略性新兴产业，其制度安排的演

---

① Wesley D. Sine and Brandon H. Lee, "The Environmental Movement and the Emergence of the U. S. Wind", *Administrative Science Quarterly*, Vol. 54, No. 1, 2009.

② William R. Meek, Desirée F. Pacheco and Jeffrey G. York, "The Impact of Social Norms on Entrepreneurial Action: Evidence from the Environmental Entrepreneurship Context", *Journal of Business Venturing*, Vol. 25, No. 5, 2010.

③ Garry D. Bruton, David Ahlstrom and Krzysztof Obloj, "Entrepreneurship in Emerging Economies: Where Are We Today and Where Should the Research Go in the Future", *Entrepreneurship Theory and Practice*, Vol. 32, No. 1, 2008.

④ 尹珏林、张玉利：《制度创业的前沿研究与经典模型评介》，《经济理论与经济管理》2009年第9期。

⑤ 谢青、田志龙：《创新政策如何推动我国新能源汽车产业的发展——基于政策工具与创新价值链的政策文本分析》，《科学学与科学技术管理》2015年第6期。

⑥ Andrew J. Hoffman, "Institutional Evolution and Change: Environmentalism and the U. S. Chemical Industry", *Academy of Management Journal*, Vol. 42, No. 4, 1999.

⑦ Sharon A. Alvarez, Susan L. Young and Jennifer L. Woolley, "Opportunities and Institutions: A Co-Creation Story of the King Crab Industry", *Journal of Business Venturing*, Vol. 30, No. 1, 2015.

⑧ David J. Teece, "A Dynamic Capabilities-Based Entrepreneurial Theory of the Multinational Enterprise", *Journal of International Business Studies*, Vol. 45, No. 1, 2014.

进也具有独特性，非常有必要开展针对性研究。为此，从制度理论视角入手，深入剖析制度环境演进对中国新能源汽车企业创业行为的影响将具有重要的理论和现实意义。

动态能力理论是由以大卫·蒂斯（David J. Teece）[①][②]、康斯坦丝·赫尔夫（Constance E. Helfat）[③]、凯瑟琳·艾森哈特（Kathleen M. Eisenhardt）和杰弗里·马丁（Jeffrey A. Martin）等为代表的学者们对资源基础观进行的扩展[④]，用来表示企业在动态环境中感知市场机会、更新、整合、重构资源的能力，主要用来解释企业如何适应快速多变的环境，获取并长期保持竞争优势。学者们主要从"能力"和"过程"两个视角对其内涵进行界定。一些学者基于"能力"视角将动态能力视为企业感知和识别内外部风险，整合、重构内外部资源，以及进行学习的能力，其取向为完成组织管理过程的能力[⑤]。而另一些学者则基于"过程"视角将动态能力视为一种组织日常运作惯例、过程与模式，其取向为具体的、可以辨识地嵌入组织管理中的过程[⑥]。近年来新创企业动态能力问题也引起了学者们的关注，尽管学者们就新创企业在机会开发与创造对企业价

[①] David J. Teece, Gary P. Pisano and Amy Shuen, "Dynamic Capabilities and Strategic Management", *Strategic Management Journal*, Vol. 18, No. 7, 1997.

[②] David J. Teece, "Dynamic Capabilities: Routines Versus Entrepreneurial Action", *Journal of Management Studies*, Vol. 49, No. 8, 2012.

[③] Constance E. Helfat, Sydeny Finkelstein, Will Mitchell, et al., "Dynamic Capabilities: Understanding Strategic Change in Organizations", *Academy of Management Review*, Vol. 30, No. 1, 2007.

[④] Kathleen M. Eisenhardt and Jeffrey A. Martin, "Dynamic Capabilities: What Are They?", *Strategic Management Journal*, Vol. 21, No. 10-11, 2000.

[⑤] Constance E. Helfat, "Know-How and Asset Complementarity and Dynamic Capability Accumulation: The Case of R&D", *Strategic Management Journal*, Vol. 18, No. 5, 1997.

[⑥] Kathleen M. Eisenhardt and Jeffrey A. Martin, "Dynamic Capabilities: What Are They?", *Strategic Management Journal*, Vol. 21, No. 10-11, 2000.

值创造的重要性已经达成一致,但是有关新创或既有企业持续不断的创造、定义、发现创业机会的能力却没有得到令人信服的解释[1]。为此,学者们开始利用动态能力理论来研究新创企业竞争优势获取与成长问题。谢克·匝若(Shaker A. Zahra)对动态能力与创业行为之间的关系进行了回顾,并提出了相关理论模型。董保宝等从资源整合过程入手,对新创企业资源识别、获取、配置与利用过程与动态能力关系进行了研究[2]。江诗松等在中国转型经济背景下,对吉利汽车的动态能力追赶过程进行了纵向案例研究[3]。马鸿佳等对新创企业创业能力、动态能力与企业竞争优势关系进行了定量研究[4]。豪尔赫·费雷拉等(Jorge Ferreira et al.)(2018)的研究显示动态能力对企业业绩有着显著、正向的影响,创业导向起到了中介作用[5]。学者们对动态能力内涵界定存在差异,对构念维度划分不尽相同,需要进一步完善动态能力的测量工具和方法,以真实捕捉并反映其内涵。同时,这些研究通常使用截面数据进行定量研究,对动态能力对创业行为影响机理研究还不够充分。此外,制度理论可以用来研究中国战略性新兴产业企业创业

---

[1] Shaker A. Zahra, Harry J. Sapienza and Per Davidsson, "Entrepreneurship and Dynamic Capabilities: A Review, Model and Research Agenda", *Journal of Management Studies*, Vol. 43, No. 4, 2006.

[2] 董保宝、葛宝山、王侃:《资源整合过程、动态能力与竞争优势:机理与路径》,《管理世界》2011年第3期。

[3] 江诗松、龚丽敏、魏江:《转型经济背景下后发企业的能力追赶:一个共演模型——以吉利集团为例》,《管理世界》2011年第4期。

[4] 马鸿佳、董保宝、葛宝山:《创业能力、动态能力与企业竞争优势的关系研究》,《科学学研究》2014年第32期。

[5] Jorge Ferreira, Arnaldo Coelho and Luiz Moutinho, "Dynamic Capabilities, Creativity and Innovation Capability and Their Impact on Competitive Advantage and Firm Performance: The Moderating Role of Entrepreneurial Orientation", *Technovation*, Vol. 92–93, No. 4–5, 2020.

行为①②，但却不能解释为什么在同一制度环境下企业间的发展差异，亦即企业自身的能力是否会对制度环境对企业创业行为的影响起到影响作用。通过对中国新能源汽车企业创业活动的观察，我们发现这些企业在创业过程中，通常伴随着大量的资源整合与重构，表现出典型的动态能力构念特征。

综上所述，制度理论与动态能力理论当前在创业管理研究中已经成为热点视角，每一理论都能提供富有解释力的内涵。动态能力理论虽然可以解释企业在动态环境中竞争优势来源问题，但却忽视了动态能力所根植的环境特征③。学者在研究过程中通常仅选取理论视角开展研究，得出的研究结论并不全面且缺乏解释力。甚至在案例研究中，一些学者在研究设计中仍然将这两个相互影响的理论进行独立操作，而没有关注其相互影响机理④。学者们在创业行为研究中通常从单一理论视角进行切入，采用融合视角进行研究的文献还鲜有所见，这不能为特定环境下以动态能力驱动的创业行为提供全面的理论解释⑤。基于上述创业情境与理论缺口，本研究将汲取制度理论与动态能力理论丰富的理论内涵，以中国新能源汽车产业制度环境演进历程为实践背景，从融合视角探索制度环境、动态能力间及其对创业行为影响机理。

---

① 武光、欧阳桃花、姚唐：《战略性新兴产业情境下的企业商业模式动态转换：基于太阳能光伏企业案例》，《管理评论》2015 年第 27 期。

② 鲍海峰：《资源型战略性新兴产业创新机制研究——以稀土材料产业为例》，《科学管理研究》2016 年第 34 期。

③ Ilídio Barreto, "Dynamic Capabilities: A Review of Past Research and an Agenda for the Future", *Journal of Management*, Vol. 36, No. 1, 2010.

④ Jie Wu, "Marketing Capabilities, Institutional Development, and the Performance of Emerging Market Firms: A Multinational Study", *International Journal of Research in Marketing*, Vol. 30, No. 1, 2013.

⑤ Donald R. Lessard, David J. Teece and Sohvi Leih, "Introduction to Special Topic Forum on Developing the Dynamic Capabilities of Global Companies Across Levels and Locations", *Global Strategy Journal*, Vol. 6, No. 3, 2016.

二 实践背景

汽车在为人类生活提供便利、为经济发展提供动力的同时，在使用过程中也消耗了大量能源，并对环境造成持续影响，仅道路交通 CO_2 排放就占到了全球 CO_2 排放总量的 16%[①]。为了减少汽车在使用过程中的能源消耗以及对环境造成的持续影响，发达国家都制定了相应的排放法规加以控制。美国与日本的立法方向是提高汽车燃油经济性（CAFE），欧盟则更加注重控制汽车对气候变化的影响，直接规定车辆的 CO_2 的减排目标。为了满足日趋严格的法规要求，提升产品环境竞争力，发达国家汽车企业纷纷加大新能源汽车技术的研发与市场渗透，在环境保护方面取得了显著成效。2017年，德国国内行驶的乘用车单车平均 CO_2 排放量为128.1克/千米，较2004年的175.8克下降27.1%[②]。2017年，欧盟新乘用车单车平均 CO_2 排放量下降到118.5克/千米，2018年12月，欧盟确定了到2030年将乘用车单车平均 CO_2 排放量相比降低37.5%的减排目标[③]。2015年，日本交通 CO_2 排放量为1.07亿吨，较2000年最高峰值1.34亿吨下降了20.1%，燃油经济性显著提升。为了满足日益严苛的排放法规，世界各主要汽车厂商除了提高传统动力总成汽

[①] German Association of the Automotive Industry (VDA), "CO_2 Development in Germany, 2019", https://www.vda.de/en/topics/environment – and – climate/CO_2 – development/CO_2 – trends – in – germany.html.

[②] Associationdes Constructeurs Europeensd' Automobiles (ACEA), "CO_2 from New Cars up as Petrol Overtakes Diesel, 2019", https://www.acea.be/press – releases/article/CO_2 – emissions – from – new – cars – up – as – petrol – overtakes – diesel – 2017 – data – shows.

[③] Associationdes Constructeurs Europeensd' Automobiles (ACEA), "Auto Industry Reacts to Deal on CO_2 Targets for Cars and Vans, 2019", https://www.acea.be/press – releases/article/auto – industry – reacts – to – deal – on – CO_2 – targets – for – cars – and – vans.

车能效外，纷纷开发包括纯混合动力汽车、纯电动汽车以及燃料电池车在内的新能源汽车，新能源汽车已经成为各国汽车厂商竞争的焦点。

中国作为世界第一汽车产销大国，随着汽车保有量快速增长，燃油消耗不断增加，城市空气污染日趋严重，雾霾天气频发。一些城市已经采取限购、限行等措施，但效果有限。为提高汽车企业节能减排成效，保证能源安全，抢占新一轮产业竞争制高点，发展新能源汽车产业已成当务之急。新能源汽车产业作为战略性新兴产业，是中国实现节能减排、确保能源安全、抢占新一轮产业竞争制高点的重点产业，是中国从汽车大国迈向汽车强国的必由之路。中国新能源汽车产业发展是由政府发起和主导的。据不完全统计，从2001年中国启动863计划电动汽车重大科技专项开始，到2017年年底，中国在国家层面相继出台了近130项有关新能源汽车的制度安排，涵盖了从技术研发到市场化推广的全产业链。新能源汽车产业制度演进可以分为以下三个阶段：阶段一，基础技术与整车关键技术研究阶段（2001—2008年）；阶段二，示范运营与产业化准备阶段（2009—2013年）；阶段三，产业化前期（2014—2017年）[1]。这些制度安排通过塑造政治、社会和经济激励结构，规定并限制新创企业对资源、机会以及合法性的获取，对企业的创业行为产生了重要影响。

中国新能源汽车产业的快速发展，与这一领域创业活动的不断升温密不可分。近年来，越来越多的整车企业、关键零部件生产商、充电桩服务商加入新能源汽车产业领域的创业。在整车生产领域，比亚迪、吉利、北汽等传统汽车企业纷纷发力新能源汽车市场，蔚来、车和家、小鹏、拜腾、万向等"造车新势力"也不断涌

---

[1] 刘兆国、韩昊辰：《中日新能源汽车产业政策的比较分析——基于政策工具与产业生态系统的视角》，《现代日本经济》2018年第2期。

现，越来越多的有互联网背景的社会资本也开始参与动力电池、驱动电机与充电桩等产业链，开始新能源汽车整车研发工作，其中一些车型已经上市销售，一时间新能源汽车产业成为创业者关注的热点。在动力电池、驱动电机等产业关键价值链领域，比亚迪、力神、中航锂电、沃特玛等国产电池企业抓住创业机会，在动力电池产业中表现优异；同时，以上海电驱动、方正电机、卧龙电气、南车株洲为代表的企业也纷纷发力驱动电机领域。此外，国家电网、北京富电、普天新能源、华商三优等企业也识取到制度演进带来的创业机会，在新能源汽车产业生态系统展开"创业共创"活动，进军充电桩市场。新能源汽车产业领域创业活动愈发活跃，新能源汽车产业快速发展。2017年，中国新能源汽车实现销售77.7万辆，同比增长53.3%，占汽车销量比例的2.7%，新能源汽车产业进入快速成长期（见图1.1）。中国新能源汽车产业市场化进程已经全面启动，市场规模在不断扩大，关键基础技术取得长足发展，相关零部件配套产业实力快速提升，充电桩等基础设施日趋完善，商业模式不断丰富创新，产业化进程明显加速。

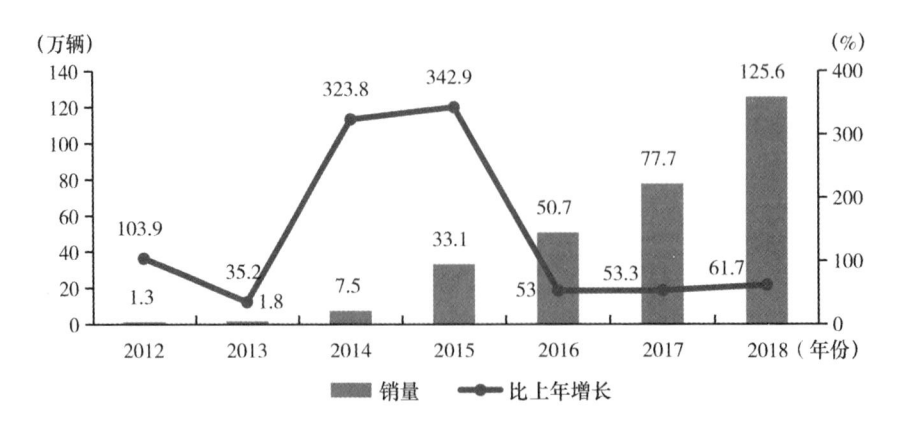

图1.1　中国新能源汽车销量走势

资料来源：根据中国汽车工业协会数据整理。

通过对新能源汽车产业发展历程的回顾与分析，不难发现这一领域创业活动的日趋活跃以及产业的快速发展，是在制度环境的演进与驱动下实现的。一些企业在创业过程中，很好地利用了制度环境及其演进所带来的创业机会，利用自身的动态能力对这一机会进行识评。在制度环境的演进过程中，制度环境对新能源汽车企业创业行为的影响，同样受到企业自身动态能力的中介，企业构建与机会相匹配的资源机会，实现对创业机会的利用离不开自身不断强化与提升的动态能力。作为企业外部环境的制度环境与企业自身的动态能力共同对企业创业活动产生影响。那么，为什么会有这么多企业进入这一领域开展创业，为什么其中一些企业取得了成功？这一创业情境亟需新的理论解释。

综上所述，基于上述理论缺口与中国新能源汽车企业创业实践，探索制度环境、动态能力对企业创业行为影响机理，不仅有助于理解在外部制度环境动态演进下企业的创业行为，还会进一步挖掘企业如何通过提高动态能力利用这种制度演进带来的机会，丰富相关理论，并为相关企业实践提供支撑和参考。基于上述创业情境与理论缺口，本研究将汲取制度理论与动态能力理论丰富的理论内涵，以中国新能源汽车产业制度环境演进历程为实践背景，采用纵向案例研究方法，选取目前中国纯电动汽车市场占有率最高、产业链布局最完整、规模最大的北汽新能源汽车为研究对象。在构建制度环境、动态能力对新创企业创业行为影响模型的基础上，深入分析制度环境、动态能力对中国国有新能源汽车企业创业行为的影响机理，揭示中国新能源汽车企业创业行为特征，力求从理论上为国有新能源汽车企业机会识评、资源获取以及竞争优势获取等创业行为问题提供新的解释，从融合视角探索制度环境、动态能力间及其对创业行为影响机理，为相关企业和制度安排制定部门提供经验借鉴和政策建议。

第二节 研究意义

经济转型和制度转型可能是现阶段甚至是在未来较长一个时期内导致中国情境具有独特性的关键因素，是创业研究学者在研究中国创业问题时必须予以关注的重要问题[1]。制度环境塑造了企业外部政治、社会和经济激励结构，影响了新创企业机会识取和资源获取，为研究企业创业行为提供了新的视角[2][3]。制度理论可以用来研究中国战略性新兴产业企业创业问题[4][5][6]，但却不能解释为什么在同一制度环境下企业间发展差异问题。近年来，有学者开始利用动态能力理论研究新创企业成长与竞争优势获取等问题[7]。因此，本研究以中国战略性新兴产业为研究对象，深入剖析制度环境、动态能力对国有新能源汽车企业创业行为影响机理，具有重要的理论和实践意义。

---

[1] 张玉利、曲阳、云乐鑫：《基于中国情境的管理学研究与创业研究主题总结》，《外国经济与管理》2014年第36期。

[2] Maria Minniti, "The Role of Government Policy on Entrepreneurial Activity: Productive, Unproductive, or Destructive?", *Entrepreneurship Theory and Practice*, Vol. 32, No. 5, 2008.

[3] Garry D. Bruton, David Ahlstrom and Han-lin Li, "Institutional Theory and Entrepreneurship: Where Are We Now and Where Do We Need to Move in the Future?", *Entrepreneurship Theory and Practice*, Vol. 34, No. 3, 2010.

[4] 刘名远、李桢：《战略性新兴产业融合发展内在机理及策略路径》，《经济与管理》2013年第11期。

[5] 武光、欧阳桃花、姚唐：《战略性新兴产业情境下的企业商业模式动态转换：基于太阳能光伏企业案例》，《管理评论》2015年第27期。

[6] 鲍海峰：《资源型战略性新兴产业创新机制研究——以稀土材料产业为例》，《科学管理研究》2016年第34期。

[7] Shaker A. Zahra, Harry J. Sapienza and Per Davidsson, "Entrepreneurship and Dynamic Capabilities: A Review, Model and Research Agenda", *Journal of Management Studies*, Vol. 43, No. 4, 2006.

一 理论意义

制度环境对于创业行为的重要性已经得到众多学者的认同，但现有研究多集中在对产业创业行为影响的研究，对微观企业创业行为的具体影响路径缺乏深入探讨。学者们虽然开始利用动态能力理论解释企业如何在动态变化的环境中获得竞争优势和经济租金，并将其扩展到创业管理研究领域中，但有关动态能力对企业创业行为的具体影响研究还略显不足。更为值得关注的是，学者们对于制度环境与动态能力这两个具有内在联系的理论在管理学特别是创业管理研究中通常只选择单一理论开展研究，大大影响了研究成果的适用性[1]。为此，将制度理论与动态能力理论进行整合，从更为融合的视角探讨制度环境、动态能力对企业创业行为影响机理，对于扩展理论研究情境、深化研究深度等具有重要的理论意义。

其一，本研究进一步丰富了制度理论在创业研究中的应用。针对现有文献利用制度理论研究创业行为时多数研究未对其采取的制度流派进行明确以及多采取社会/组织视角这种现状[2]，本研究从制度理论的经济与政治流派视角进行切入，增添了这一视角的研究成果。现有研究多是从产业层面考察制度环境对创业行为影响[3][4]，

---

[1] Mike Wright, Igor Filatotchev, Robert E. Hoskisson, et al., "Strategy Research in Emerging Economies: Challenging the Conventional Wisdom", *Journal of Management Studies*, Vol. 42, No. 1, 2005.

[2] Garry D. Bruton, David Ahlstrom and Han lin Li, "Institutional Theory and Entrepreneurship: Where Are We Now and Where Do We Need to Move in the Future?", *Entrepreneurship Theory and Practice*, Vol. 34, No. 3, 2010.

[3] Ruta Aidis, Saul Estrin and Tomasz Mickiewicz, "Institutions and Entrepreneurship Development in Russia: A Comparative Perspective", *Journal of Business Venturing*, Vol. 23, No. 6, 2008.

[4] Jeffery S. Mcmullen, D. Ray Bagby and Leslie E. Palich, "Economic Freedom and the Motivation to Engage in Entrepreneurial Action", *Entrepreneurship Theory and Practice*, Vol. 32, No. 5, 2008.

本研究详尽梳理中国新能源汽车产业制度演进历程，剖析了制度环境动态演进对企业机会识取与资源获取利用等行为的具体影响及其作用机理。

其二，制度视角与动态能力视角在理论内容上存在很大差别，但却是内部相互交织并具有相互影响倾向[①]。制度理论为组织的社会活动提供了相应的规章、规范和认知结构并对其行为进行约束，但却忽视了企业依靠自身动态能力对外部环境进行改变的能力。动态能力理论强调如何通过自身能力获取竞争优势，但却忽视了动态能力所根植的制度环境。只有将上述两种理论进行融合，才能真正理解制度环境演进下企业创业行为。为此，本研究将弥补单一理论视角下产生的局限，通过纵向案例研究探讨制度环境、动态能力与创业行为间影响路径，从新视角进一步打开创业行为黑箱。

其三，本研究从"能力"与"过程"相融合的视角对动态演进制度环境下企业动态能力维度进行了划分。进一步揭示动态能力对新创企业资源一体化行为的影响。企业机会资源一体化行为并不是简单的即兴而作[②]，而是不断利用动态能力对制度机会进行快速识取以及对外部资源所进行的创造性整合、重构，由此实现的机会与资源间的动态匹配。现有文献主要从"能力"或"过程"视角对动态能力进行概念界定[③④]，并没有全面反映新创企业管理实践现状。本研究将新创企业动态能力划分为感知能力、学习能力、整

---

① Ismail Gölgeci, Jorma Larimo and Ahmad Arslan, "Institutions and Dynamic Capabilities: Theoretical Insights and Research Agenda for Strategic Entrepreneurship", *Scandinavian Journal of Management*, Vol. 33, No. 4, 2017.

② 张玉利、赵都敏：《新企业生成过程中的创业行为特殊性与内在规律性探讨》，《外国经济与管理》2008 年第 30 期。

③ David J. Teece, Gary P. Pisano and Amy Shuen, "Dynamic Capabilities and Strategic Management", *Strategic Management Journal*, Vol. 18, No. 7, 1997.

④ Kathleen M. Eisenhardt and Jeffrey A. Martin, "Dynamic Capabilities: What Are They?", *Strategic Management Journal*, Vol. 21, No. 10 – 11, 2000.

合能力与重构能力四个维度,明确各维度特征表述并进行了构念测试。

其四,从机会资源一体化视角出发,提炼并设计具有可操作性的创业行为研究框架。创业行为研究是揭示创业过程黑箱和新企业产生机理的关键,但现有创业行为研究呈现出高度的碎片化[1],创业行为概念并没有得到很好的界定,对创业行为变量的操作缺乏统一性。本研究从机会、资源两大创业核心要素切入,从机会资源一体化视角对创业行为概念进行维度划分,有效提高对创业行为研究的聚焦性。在此基础上构建了制度环境、动态能力与企业创业行为整合理论模型,将外部制度环境与企业内部动态能力进行整合,从更为融合的视角为动态制度环境下企业创业行为提供理论解释。

二 实践意义

汽车产业是国民经济的重要支柱产业之一,具有辐射面广、产业影响力大等特点,对增加就业、优化供给以及促进经济发展等方面发挥着越来越重要的作用。2016年,汽车行业现价增加值占工业比重达到6.9%,已经成为拉动中国工业经济发展的主导行业之一。相对于传统汽车而言,新能源汽车是应对气候变化、保障能源安全、促进产业升级的重要突破口。中国在新能源汽车领域与发达国家汽车企业差距较小,存在"弯道超车"机遇,国家已将其作为战略性新兴产业和"中国制造2025"重点培育和发展产业之一。同时,发展新能源汽车产业也是中国优化产业结构、产品供给,抢占新一轮产业竞争制高点的重要着力点。为此,从2001年开始中国陆续出台了相关制度安排,促进新能源汽车技术研发与市场化,越来越多的企业也加入这一创业进程中来。为此,在中国转型经济新

---

[1] 王秀峰:《创业者行为研究文献综述——连接创业者个体因素与创业过程及结果》,《科学学与科学技术管理》2016年第37期。

兴产业加速发展这一新情境下，本研究探讨制度环境及其演进以及动态能力对新能源汽车企业创业行为的影响机理，对于国家有关制度安排的制定以及企业的具体创业活动具有重要的现实意义。

其一，本研究有助于优化新能源汽车制度安排，提升制度安排的针对性与成效。为了鼓励以企业为主体的社会力量参与新能源汽车技术研发与示范推广应用，从 2001 年开始中国陆续出台了一系列制度安排。这些制度安排虽然对对象、工具以及取向进行了阶段性调整，促进了产业的发展，但是在具体操作中也出现了企业骗补、推广目录多次复核与地方保护等问题，制度安排的出台过程中缺乏对市场主体企业的考虑。本研究将以新能源汽车表现最为突出的北汽新能源为研究对象，从微观市场主体入手具体剖析中国新能源汽车产业制度环境及其演进对企业机会识评、资源识别与获取以及机会利用等创业行为的具体影响机理，为中国新能源汽车产业制度安排优化提供建议。

其二，本研究有助于指导战略性新兴产业新创企业在制度环境演进的情境下如何开展创业。北汽新能源作为新能源汽车产业后进企业，能够在短短几年成为中国纯电动汽车领跑者，所依靠的正是敏锐的政策感知能力以及资源获取与重构能力。本研究具体剖析了北汽新能源在制度环境演进下的创业行为，指出企业需要对外部制度环境保持敏锐的感知能力，深入领会政府产业规划与实施路径，在进行机会评估时要以未来制度环境演进方向为导向，创造性选择、整合外部资源以利用机会。同时，制度环境并非市场机制的全部替代物，企业在创业过程中，仍需以市场需求为导向，通过构建产业生态系统为消费者提供整合解决方案，真正参与市场培育，提高抗制度风险能力，这为企业在制度环境演进下提高机会利用能力与企业业绩提供了路径参考。

其三，本研究有助于指导战略性新兴产业新创企业通过构建与提升动态能力实现机会与资源匹配并提高企业业绩。本研究在案例研究中发现动态能力从某种程度上在制度环境与创业行为间起到了中介作用，有助于企业快速识别、评估创业机会，确定资源获取渠道与方式，对市场做出快速反应。不断提升的动态能力还有助于企业快速识别、获取、构建与机会匹配的资源基础，提高对机会的利用能力。而企业在创业过程中，也需要不断对外部价值链资源进行整合，进行价值共创，共同推动新兴产业发展。这为新创企业根据自身情况，有针对性地建立、提升动态能力，利用制度环境演进带来的机会提供了理论指导。

第三节 研究目的与研究内容

一 研究目的

本研究的总体目标是基于中国战略性新兴产业企业创业行为情境，以具有代表性的北汽新能源汽车股份有限公司这一新能源汽车整车生产销售企业为研究对象，在构建制度环境、动态能力对新创企业创业行为影响理论模型的基础上，通过案例研究揭示新能源汽车企业创业行为特征，深入分析制度环境、动态能力对企业创业行为影响机理。具体而言，本研究主要目标如下。

第一，从新制度经济学视角梳理中国新能源汽车产业政策演进历程及阶段性特征，重点分析不同阶段中国新能源汽车产业制度环境制度取向与政策工具使用特征；

第二，从"能力"与"过程"相融合视角对新创企业动态能力内涵进行界定并对其维度进行划分，探讨制度环境对动态能力的影响机理；

第三，从机会资源一体化视角对企业创业行为进行界定，明确制度环境及其演进对企业创业行为的影响机理；

第四，具体分析动态能力对创业行为影响路径，构建制度环境、动态能力与企业创业行为理论模型。

二 研究内容

在国家大力发展战略性新兴产业、强化"制造立国"这一背景下，发展新能源汽车产业是实现中国汽车制造强国的必由之路，也是解决能源、污染、安全和拥堵等制约汽车产业发展问题实现汽车产业可持续发展的可行方案，有望实现中国汽车产业的"弯道超车"。本研究以处于高制度压力环境中的新能源汽车产业为案例研究对象，从机会与资源一体化视角对创业行为进行解构，在构建制度环境、动态能力对新创企业创业行为影响模型的基础上，深入分析制度环境、动态能力对企业创业行为的影响机理，力求从理论上为新能源汽车企业机会识取、资源获取以及竞争优势获取等创业行为问题提供新的解释，并为有关部门优化制度环境以及企业有效开展创业行为提供建议。

第一，相关理论回顾与理论模型构建。对制度理论、动态能力理论以及创新行为等相关理论进行回顾，在对相关研究进行梳理的基础上总结现有研究不足，明确下一步研究方向与重点。在此基础上，基于制度理论和动态能力理论，从制度制定者（中央、地方政府及相关部门）和遵从者（新能源汽车企业）这两大市场参与者出发，构建了制度环境、动态能力对企业创业行为影响理论模型，为通过纵向案例研究探讨制度环境、动态能力对企业创业行为影响机理奠定基础。

第二，中国新能源汽车产业制度环境及其演进历程。制度环境通过塑造政治、社会和经济激励结构，规定并限制了新创企业对资源、机会以及合法性的获取，进而影响新创企业的产生及发展。一方面，政府通过制定相应的支持政策，可以为新创企业提供创业机会与市场激励；另一方面，创业者也会以"代理人"的身份对制度安排产生影响。中国创业情境下战略性新兴产业制度安排对于企业,特别是国有企业创业行为影响机理方面的研究还鲜有所见。为此,本部分将主要基于新制度经济学视角,从政策工具与产业生态系统两个维度构建产业政策分析框架,分析中国近20年来新能源汽车制度安排演进历程,剖析制度环境阶段性演进特征及政策取向与政策工具变化情况。

第三,制度环境对企业动态能力的影响研究。在中国大力发展战略性新兴产业的形势下,新能源汽车产业制度环境具有高度管制、中度规制与低度认知三个特征,且制度环境处于不断完善的动态演进过程中。动态能力是企业对外部动态环境的一种适应与应对[1][2],受到企业外部环境重要构成要素制度环境的影响。基于不同视角,学者们对动态能力概念和维度划分做出了不同界定,但都倾向于认同动态能力对企业运营有着重要影响。本部分的研究将根据以往对动态能力概念界定主要从"能力"与"过程"两个视角进行,对动态能力维度划分尚未统一这一研究现状,重点关注新创企业动态能力的内涵、维度划分、影响因素及其特征,并基于此分析制度环境(正式制度)对动态能力(感知、学习、整合、重构)的影响机理。

第四,动态能力对企业创业行为影响研究。动态能力是企业不断整合、构建和配置内外部资源以适应外部动态环境变化的能力,是可以通过学习获取、可重复的建立在企业常规能力基础上的高阶能力,而创业行为研究是揭示创业过程黑箱和新企业产生机理的关键。本部分研究将对机会开发与资源开发进行整合并进行操作,通过使用纵向案例研究获得的数据反映新创企业创业行为全貌,相对全面、系统地把握创业行为的内涵,以此为基础深入探讨同维度动

---

[1] David J. Teece, Gary P. Pisano and Amy Shuen, "Dynamic Capabilities and Strategic Management", *Strategic Management Journal*, Vol. 18, No. 7, 1997.

[2] 冯军政、魏江:《国外动态能力维度划分及测量研究综述与展望》,《外国经济与管理》2011年第7期。

态能力（感知、学习、整合、重构）对企业创业行为（机会识评、资源获取、资源整合、机会利用）的影响机理。

第五，制度环境对企业创业行为影响研究。新能源汽车企业创业行为在某种程度上可以视为外部制度环境与企业内部动态能力共同影响的结果。制度环境为新创企业提供了"游戏规则"，塑造了激励机制并引导组织进行满足"合法性"的战略选择，是促使新创企业成长的外部诱因。本部分将重点研究制度环境及其阶段性演进如何影响企业机会识评、资源获取、资源整合与机会利用等机会资源一体化行为，深入挖掘其影响机理。在此基础上，构建制度环境、动态能力对企业创业行为影响模型，从制度理论与动态能力理论融合视角探讨企业创业行为影响因素。

第四节　研究方法与技术路线

一　研究方法

结合研究目的与研究内容，本研究拟采用文献分析、案例研究、内容分析和深度访谈等多种研究方法（见表1.1），以更好地揭示制度环境、动态能力对国有新能源汽车企业创业行为的影响。下面将重点说明文献分析、案例研究、社会网络分析、内容分析等方法在项目中的应用。

表1.1　　　　　　本研究各部分拟采用的研究方法

研究内容	主要研究问题	研究方法
相关理论回顾与理论模型构建	制度环境与企业创业行为文献回顾	文献研究
	动态能力与企业创业行为文献回顾	
	国有企业创业研究文献回顾	
	制度环境、动态能力与新创企业创业行为理论关系模型	

续表

研究内容	主要研究问题	研究方法
中国新能源汽车产业制度环境及其演进历程	中国新能源汽车产业制度安排参与者及其角色变化路径 新能源汽车产业制度演进历程	内容分析 文献研究 深度访谈
	主要基于正式制度视角（规制、规范），探讨制度环境的主要构成要素（制度体系与制度工具）及制度演进历程（阶段划分）	
制度环境对企业动态能力的影响研究	中国战略性新兴产业新创企业动态能力的内涵、维度划分及其特征	文献研究 案例研究 内容分析
	制度环境对新能源汽车企业动态能力影响机理	
动态能力对新能源汽车企业创业行为的影响研究	新能源汽车企业动态能力影响因素、构建过程分析	文献研究 案例研究
	不同维度动态能力（感知、学习、整合和重构）相互作用关系及动态演化	
	动态能力对新能源汽车企业创业行为影响研究	
制度环境对企业创业行为的影响研究	制度环境对新能源汽车企业创业行为（机会识取、资源获取、资源整合、机会利用）直接影响研究	文献研究 案例研究 内容分析

（一）文献分析法

本研究将以文献分析法为基础，以威利（Wiley）、爱思唯尔（Elsevier）、爱墨瑞得（Emerald）和知网等国内外学术期刊数据库为依托，广泛查阅国内外相关文献资料，系统梳理、总结有关制度理论、动态能力理论、创业行为及其在创业领域的研究现状和研究不足，通过理论分析构建制度环境、动态能力对企业创业行为影响理论框架，作为本项目的理论基础和概念模型，为后续研究提供理论和方法支撑。

(二) 案例研究法

案例研究法是本项目所采用的重要研究方法。案例研究可以帮助研究者更加深入地了解现象背后的原因和过程[1]，而这种探索性案例研究有助于在事实基础上进行提炼、完善理论构念并归纳构念间逻辑关系的特点，也与本课题的研究目的相契合[2]。Arie Y. Lewin 和 Henk W. Volberda[3]、Suzana Rodrigues 和 John Child[4]、曾萍[5]、李飞[6]、蔡宁等学者在研究制度环境与组织关系以及动态能力与组织关系时都采用了案例研究方法[7]。同时，使用纵向案例研究还可以有效规避截面数据无法反映创业行为全貌问题[8]。为此，结合研究目的，本研究将采用纵向案例研究法，选取具有代表性的新能源汽车企业为研究对象，对企业所面临的制度环境、自身动态能力的构建和提升以及企业市场位势、竞争地位、创业行为变化进行深入访谈和跟踪梳理，这有助于从动态视角探索制度环

---

[1] Robert K. Yin, *Case Study Research: Design and Methods*, California: SAGE Publications, 2009.

[2] Kathleen M. Eisenhardt, "Building Theories from Case Study Research", *Academy of Management Review*, Vol. 14, No. 4, 1989.

[3] Arie Y. Lewin and Henk W. Volberda, "Prolegomena on Coevolution: A Framework for Research on Strategy and New Organizational Forms", *Organization Science*, Vol. 10, No. 5, 1999.

[4] Suzana Rodrigues and John Child, "Co-Evolution in an Institutionalized Environment", *Journal of Management Studies*, Vol. 40, No. 8, 2003.

[5] 曾萍、邓腾智、宋铁波：《制度环境、核心能力与中国民营企业成长》，《管理学报》2013 年第 10 期。

[6] 李飞、贺曦鸣、胡赛全、于春玲：《奢侈品品牌的形成和成长机理——基于欧洲 150 年以上历史顶级奢侈品品牌的多案例研究》，《南开管理评论》2015 年第 18 期。

[7] 蔡宁、贺锦江、王节祥：《"互联网+"背景下的制度压力与企业创业战略选择——基于滴滴出行平台的案例研究》，《中国工业经济》2017 年第 3 期。

[8] Barbara Bird, Leon Schjoedt and J. Robert Baum, "Entrepreneurs' Behavior: Elucidation and Measurement", *Entrepreneurship Theory and Practice*, Vol. 36, No. 5, 2012.

境、动态能力对企业创业行为的影响机理，从而保证研究目的的达成。

（三）内容分析法

内容分析法是对文件内容做出客观系统分析的方法，以弄清楚观测对象的实际情况，并探索文件所隐含的信息，对分析对象做出客观评价。本研究将采用内容分析法对中国新能源汽车产业相关制度和政策进行跟踪研究，梳理制度体系、演进方向，以制度制定者、政策工具内容等为主要维度进行分类。同时，对所收集到的有关案例研究对象企业的企业报告、公司文件、新闻报道等资料也要进行内容分析，以分析制度演进对样本企业机会识取、资源获取等影响，并以感知、学习、整合和重构等为表征的动态能力进行跟踪和测量。

（四）深度访谈法

深度访谈是一种非结构化获取数据的调研方法，可以深入挖掘关于某一主题的动机、态度、信念和感受等信息。本研究将在以下两个方面使用这一研究方法。一是在制度环境分析过程中，对乘用车市场信息联合会秘书长崔东树进行专家访谈，重点了解专家对中国新能源汽车制度环境演进过程及关键制度变化解读。二是在对北汽新能源创业行为以及动态能力等信息进行收集过程中，对北汽新能源中层管理者进行半结构化深度访谈，重点挖掘制度环境演进对企业创业行为影响及如何通过提高动态能力适应环境变化，并对公开渠道收集的一手资料进行补充、确认和复核。

二 技术路线

本书研究技术路线如图1.2所示。

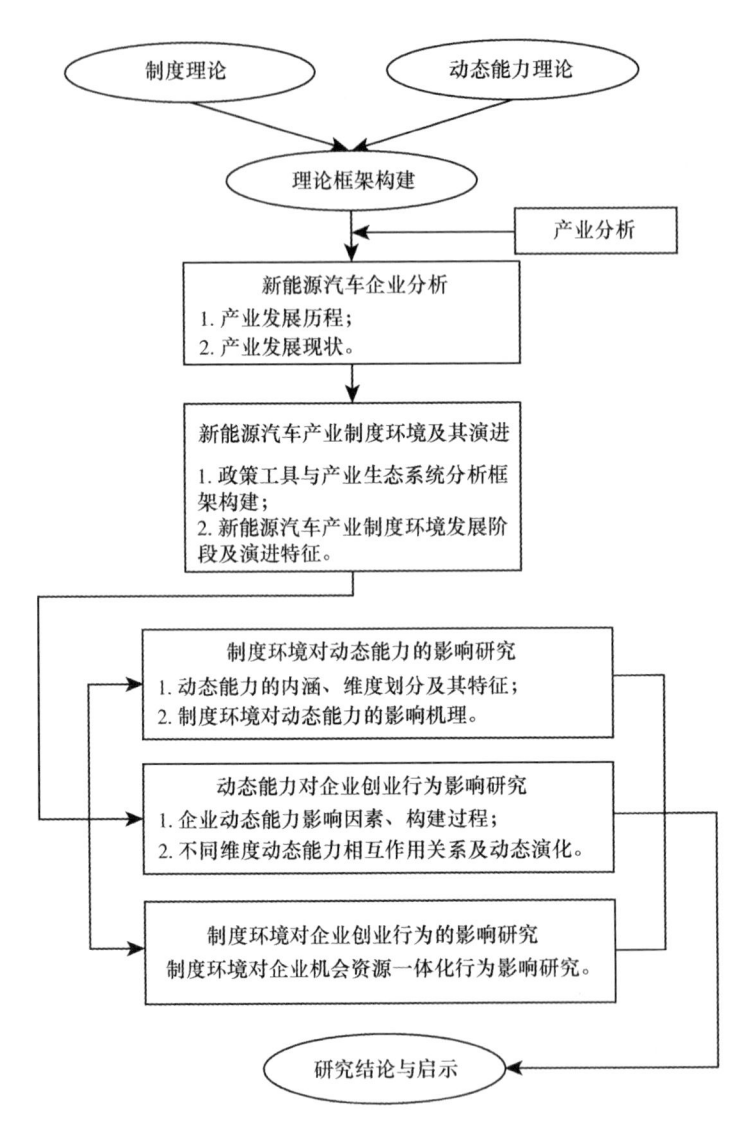

```
┌─────────────┐         ┌───────────────┐
│  制度理论   │         │ 动态能力理论  │
└──────┬──────┘         └───────┬───────┘
       └────────────┬───────────┘
                    ▼
            ┌───────────────┐      ┌──────────┐
            │ 理论框架构建  │◀─────│ 产业分析 │
            └───────┬───────┘      └──────────┘
                    ▼
        ┌───────────────────────┐
        │  新能源汽车企业分析   │
        │  1. 产业发展历程;    │
        │  2. 产业发展现状。   │
        └───────────┬───────────┘
                    ▼
        ┌───────────────────────────┐
        │ 新能源汽车产业制度环境及其演进 │
        │ 1. 政策工具与产业生态系统分析框 │
        │    架构建;                │
        │ 2. 新能源汽车产业制度环境发展阶 │
        │    段及演进特征。         │
        └───────────┬───────────────┘
                    ▼
        ┌───────────────────────────┐
        │ 制度环境对动态能力的影响研究 │
        │ 1. 动态能力的内涵、维度划分及其特征; │
        │ 2. 制度环境对动态能力的影响机理。    │
        └───────────────────────────┘
        ┌───────────────────────────┐
        │ 动态能力对企业创业行为影响研究 │
        │ 1. 企业动态能力影响因素、构建过程; │
        │ 2. 不同维度动态能力相互作用关系及动态演化。 │
        └───────────────────────────┘
        ┌───────────────────────────┐
        │ 制度环境对企业创业行为的影响研究 │
        │ 制度环境对企业机会资源一体化行为影响研究。 │
        └───────────────┬───────────┘
                        ▼
              ┌───────────────┐
              │ 研究结论与启示 │
              └───────────────┘
```

图1.2　本书研究技术路线

第 二 章

文献综述

本章将对制度理论、动态能力理论以及有关企业创业行为的研究进行系统梳理、回顾,形成研究的理论基础。本章第一节将对制度理论进行深入剖析,从经济学、社会学与政治学等学科分类入手,对早期制度理论与新制度理论进行分析,明确制度内涵,并对制度理论在创业管理研究中的应用进行了回顾。第二节将对动态能力理论进行梳理,明确动态能力内涵、维度划分与测量方法,并对其在创业管理研究中的使用情况进行了回顾。第三节将从机会开发、能力开发与新近的资源一体化视角对学者们有关创业行为的研究进行梳理、回顾。通过对上述理论与研究的回顾,形成本研究理论基础。

第一节 制度理论

制度理论为研究经济学、政治学以及社会学等不同学科提供了具有广泛适用性的理论基础[1],一直是多个社会科学学科研究与关

---

[1] Paul J. Dimaggio and Walter W. Powell, "Introduction", in Walter W. Powell and Paul J. Dimaggio, eds., *The New Institutionalism in Organizational Analysis*, Chicago: University of Chicago Press, 1991.

注的重点①。制度是人为设计的用以建构人们相互关系的一些制约，为社会活动提供了稳定和有意义的规章、规范和认知结构与行为，在对人类行为做出约束的同时，也降低了环境不确定性，减少了交易费用，为社会提供了激励机制，并借此与组织之间展开互动②。组织通过遵从制度环境的约束，在提高效率的同时也能获取认同与合法性，而这对于新创组织克服"弱性"是非常重要的③。

制度理论通过将制度与组织相连接，适合针对复杂系统的组织行为进行研究④，这也为创业研究提供了新的理论视角。接下来，本研究将从经济学、政治学与社会学等主要学科分类对制度理论的发展进行简要梳理，明确制度的定义，并回顾制度理论在创业管理研究中的应用。

一 早期制度理论与新制度理论

（一）早期制度理论

1. 旧制度经济学（The Old Institutional Economics，OIE）

旧制度经济学是指产生于19世纪末20世纪初的美国制度主义传统，以Thorstein B. Veblen、John R. Commons、Michael McGinnis、John K. Galbraith等学者为代表，其逻辑主线是对资本主义社会生产关系（资本主义经济制度）的分析，简称"制度分析"⑤。旧

---

① 赵康、陈加丰：《制度理论：多样性、对话和未来的挑战——制度理论国际最新研究动态介绍》，《经济研究》2001年第7期。

② Mike W. Peng, "Towards an Institution-Based View of Business Strategy", *Asia Pacific Journal of Management*, Vol. 19, No. 2 – 3, 2002.

③ 欧湛颖、李新春：《高科技创业：政府与市场的作用》，《学术研究》2010年第5期。

④ Richard W. Scott, *Institutions and Organizations: Ideas and Interests* (Third Edition), London: Sage Publications, 2008.

⑤ 黄少安、张卫国：《新老制度经济学理论体系的比较——从"本能，习惯"到"交易成本"》，《江海学刊》2007年第6期。

制度经济学学家受到德国经济学历史学派的影响,利用集体行为模式分析社会经济系统的变化。旧制度经济学以反主流经济学的面貌出现,以正统的古典经济学理论假设以及忽视历史变迁为批评对象。托斯丹·凡勃伦认为个体的行为受习惯和惯例的支持,体现出某种制度特征[1]。约翰·康芒斯认为"交易"对于经济分析而言是一个更为恰当的单位[2]。迈克尔·麦金尼斯则更加关注理论的实效和经济周期变动对制度变迁的影响[3]。旧制度经济学反对古典经济学关于经济人的假设,指出其运用静态模式研究人类经济行为将会与现实产生脱节,强调制度对资源配置的实际决定作用,而市场仅对现行制度产生影响而已。由于旧制度经济学缺乏理论工具与分析范式,"没有任何东西可以传承下来"[4],20世纪40年代后逐步衰落。

2. 旧制度主义政治学

制度是政治学中一个主要研究对象,对于制度的研究可以追溯到古希腊时期。柏拉图与亚里士多德的政治著作主要就是对最为理想城邦整体的探索[5]。从亚里士多德对城邦政治制度的研究到20世纪中期行为主义兴起,以制度为研究对象的政治学说、主张被称为旧制度主义政治学[6]。从19世纪末到20世纪20年代,制度理论在欧美政治分析中处于支配地位。旧制度主义政治学的学者们通常采用历史研究和比较研究方法,研究法律等正式制度对于人类行为的

---

[1] [美]凡勃伦:《有闲阶级论》,商务印书馆1964年版。
[2] [美]康芒斯:《制度经济学》,商务印书馆1962年版。
[3] Richard W. Scott, *Institutions and Organizations: Ideas and Interests (Third Edition)*, London: Sage Publications, 2008.
[4] Ronald H. Coase, "The New Institutional Economics", *Journal of Institutional and Theoretical Economics*, Vol. 140, No. 229–231, 1983.
[5] 余宜斌:《政治学:从旧制度主义到新制度主义》,《兰州学刊》2007年第7期。
[6] 李永洪、毛玉楠:《理解制度:对政治学中制度研究范式的再思考——兼论新旧制度主义政治学的差异》,《社会科学论坛》2010年第3期。

影响。政治学旧制度学派的主要特征如下：(1) 聚焦正式制度；(2) 进行描述性解释说明；(3) 较为保守；(4) 非理论性研究；(5) 更接近道德哲学[①]。20世纪三四十年代行为主义研究范式兴起，以宏观、静态和描述为方法特征的旧制度主义政治学被逐步排除在主流政治学之外。

3. 社会学的旧制度理论

与经济学家和政治学家相比，社会学家对于制度的关注更胜一筹。Herbert Spencer作为"社会达尔文主义之父"，是将社会视为不断进化的依靠各种制度实现对环境适应的有机系统。William G. Sumner认为制度是由观念和结构构成的。金斯利·戴维斯（Kingsley Davis）则把制度界定为相互交织的民俗、民德和法律。这三个学者对制度的功能性作用进行了探讨。托马斯·库利（Thomas M. Cooley）、安德鲁·艾伯特（Andrew Abbott）等社会学家也都关注了制度问题。作为"组织理论之父"、现代社会学和公共行政学创始人之一，韦伯对制度理论也做出了重要贡献。他着重研究了人类社会制度的演变问题，比较完整地阐述了东西方社会制度的发展历程。韦伯在其经济社会学中既关注历史背景又重视理论分析，将制度主义与古典经济学的分歧进行弥合。此外，塔尔科特·帕森斯（Talcott Parsons）、阿尔弗雷德·舒茨（Alfred Schutz）则更关注符号系统在创造人类与社会过程中的作用[②]。

综上所述，在19世纪末20世纪初，经济学、政治学与社会学领域的学者都关注到了制度，并认为制度是重要的。旧制度主义经济学利用集体行为模式分析社会经济系统的变化；旧制度政治学运用历史研究和比较研究分析制度对人类行为的影响；社会学的旧制

[①] 赵伟文：《韦伯制度文明思想研究——兼论当代中国制度创新》，硕士学位论文，华南师范大学，2003年。

[②] Richard Swedberg, "Major Traditions of Economic Sociology", *Annual Review of Sociology*, Vol. 17, 1991.

度理论则对制度更为关注，更加强调制度在社会建构过程中所发挥的功能。

（二）新制度理论

1. 新制度经济学（New Institutional Economics，NIE）

新制度经济学是指用主流经济学分析方法分析制度的经济学，源于新古典经济学并将其视为对古典经济学的修正和拓展。新制度经济学这一概念最早是由奥利弗·威廉姆森（Oliver Williamson）提出的，弗里德里希·奥古斯特·冯·哈耶克（Friedrich August Von Hayek）、罗纳德·科斯（Ronald H. Coase）、阿门·阿尔钦（Armen A. Alchian）、道格拉斯·诺斯（Douglass C. North）、张五常等人是新制度经济学派的代表人物，科斯被公认为是该学派的领袖人物。目前，新制度经济学已经成为西方经济学主流派别之一，并形成了交易费用理论、产权理论、委托—代理理论以及制度变迁理论等支流。交易费用和产权分析是新制度经济学制度构成和运行的基本原理[1]。1937年，罗纳德·科斯发表著名的《企业的性质》一文被认为是新制度经济学的产生标志。在该文中，科斯提出"交易费用"概念，指出正是谈判、签约等交易费用的存在，才使得企业具有存在的边界[2]。20世纪60年代，罗纳德·科斯、乔治·斯蒂格勒（George J. Stigler）、肯尼斯·阿罗（Kenneth J. Arrow）等人相继发表了社会成本、信息费用以及专利收费困境等有关交易费用的具有重要影响力的文章，新制度经济学正式拉开序幕。交易费用的存在意味着交易是稀缺的，可以纳入经济学研究范畴，为经济制度的分析奠定了基础。产权理论是新制度经济学的另一大分析工具。1967年，哈罗德·德姆塞茨（Harold Demsetz）发表的《关于

---

[1] 卢现祥：《新制度经济学》，武汉大学出版社2011年版。

[2] Ronald Harry Coase, "The Nature of the Firm", *Economica*, Vol. 4, No. 16, 1937.

产权的理论》是这一领域的经典之作①。新制度经济学家认为产权作为一种权利，是社会关系的体现。产权是一个社会所强制实施的选择一种经济物品的使用的权利，通过规范每一个人相对于物的行为规范，进而规定了人们之间的相互关系，成为社会的基础性规则②。产权具有约束与激励功能，产权安排可以影响资源配置效率，进而影响社会的经济绩效。

企业作为市场经济的微观经济主体，是新制度经济学家又一主要研究对象。1937年，罗纳德·科斯在《企业的性质》一文中对企业性质与边界问题做了开创性讨论。科斯认为企业作为市场的替代物而存在是因为交易费用的存在，交易搭配不当和企业内部组织成本的相对高低决定了企业的边界。奥利弗·威廉姆森、尤法姆·巴泽尔（Yofam Barzel）、本杰明·克莱因（Benjamin Klein）等学者也都以"交易"为基本分析单位对企业边界开展了深入研究。与制度经济学从"交易属性"展开企业分析相对应，关注"生产属性"的企业理论也开始出现并取得了长足发展。艾迪斯·潘罗斯（Edith Penrose）③、伯格·沃纳菲尔特（Birger Wernerfelt）④、杰恩·巴尼（Jay Barney）⑤⑥、大卫·蒂斯（David J. Teece）等学者开

---

① Harold Demsetz, "Toward a Theory of Property Rights", *American Economic Review*, Vol. 57, No. 2, 1967.

② Armen A. Alchian and Harold Demsetz, "The Property Right Paradigm", *The Journal of Economic History*, Vol. 33, No. 1, 1973.

③ Edith Penrose, *The Theory of the Growth of the Firm*, Oxford: Oxford University Press, 2009 (1959).

④ Birger Wernerfelt, "A Resource-Based View of the Firm", *Strategic Management Journal*, Vol. 5, No. 2, 1984.

⑤ Jay Barney, "Firm Resources and Sustained Competitive Advantage", *Journal of Management*, Vol. 17, No. 1, 1991.

⑥ Jay Barney, "Resource-Based Theories of Competitive Advantage: A Ten-Year Retrospective on the Resource-Based View", *Journal of Management*, Vol. 27, No. 6, 2001.

始从"生产视角"出发[1],将企业视为具有一定异质性资源与能力的集合,企业作为知识整合组织而存在,其竞争优势的获取来源于所取得的效率租金。

新制度经济学的另一项重要研究内容是制度变迁。制度变迁是制度不均衡时人们追求潜在获利机会的一种自发交替过程,制度的演进为解决复杂交换时的合作方案创造了有利环境,决定了经济增长,制度因素决定了一个国家的经济绩效[2]。制度的存在就是为了降低交易费用,而新制度的出现则是因为其所带来的预期收益超过预期成本。诺斯认为制度变迁存在时滞与路径依赖,组织学习是制度变迁的动力来源。

2. 新制度主义政治学

行为主义的兴起将制度分析排除在主流政治学研究视野之外。行为主义以政治行为为中心,注重政治研究形式和手段的精确化、数量化,过于关注政治个体和行为,在很多问题上缺乏解释力[3]。20世纪60、70年代美国爆发了大规模的民权运动以及越南战争的事件,行为主义解释力的欠缺引起了越来越多学者的反思。1984年,詹姆斯·马奇(James G. March)和约翰·奥尔森(Johan P. Olsen)在《新制度主义:政治生活中的组织因素》一文中提出重新复兴制度分析的作用,这标志着新制度主义政治学的正式诞生[4]。当前政治学中的新制度主义主要分为理性选择制度学派与历史学制度学派。理性选择学派认为个体是政治过程的核心行动者,制度塑

---

[1] David J. Teece, Gary P. Pisano and Amy Shuen, "Dynamic Capabilities and Strategic Management", *Strategic Management Journal*, Vol. 18, No. 7, 1997.

[2] Douglass D. North, *Institutions, Institutional Change and Economic Performance*, New York: Cambridge University Press, 1990.

[3] 唐兴军、齐卫平:《政治学中的制度理论综述:范式与变迁》,《社会科学》2013年第6期。

[4] James G. March and Johan P. Olsen, "The New Institutionalism: Organizational Factors in Political Life", *American Political Science Review*, Vol. 78, No. 734-749, 1984.

造个体行为规范，个体对于制度能够做出理性选择①。与之不相同，历史主义学派主要运用历史分析方法，以制度为核心研究历史或现实世界问题。历史主义者将历史看作一个过程，追溯事件发生的历史轨迹，从广泛意义上研究个人和制度之间关系，对制度建立和发展的路径依赖和意外事件进行分析②。

3. 社会学的新制度主义

社会学新制度主义认为个人并不是追求利益、效用最大化的"经济人"或"理性人"，而是存在在不同制度背景下的"社会人"。社会学新制度主义者对制度的定义更加宽泛，认为制度除了包括规则、程序或规范外，还包括象征系统任职模式，从而将制度与组织系统相融合。社会学新制度主义认为人和制度间存在高度互动，个体行动不仅仅追求效用最大化，而且以一种具有社会适应性的方式表现其身份并对制度本身产生影响。沃尔特·鲍威尔（Walter W. Powell）和保罗·迪马奇奥（Paul Dimaggio）、理查德·斯科特（Richard W. Scott）等学者对于将新制度主义引入社会学研究做出了重要贡献。沃尔特·鲍威尔和保罗·迪马奇奥提出组织场域用以表示介于组织和社会之间、收到相似制度影响的组织，并探讨了组织趋同性的三种机制：强制机制、模仿机制与规范机制③。理查德·斯科特认为制度的三大基本要素包括规制性、规范性和文化—认知性，更强调组织运行背景的重要性④。

通过上述文献回顾，我们发现制度理论在经济学、政治学和社

---

① 李国强、徐湘林：《新制度主义与中国政治学研究》，《四川大学学报》（哲学社会科学版）2008 年第 2 期。
② 卓越、张珉：《新制度经济学与政治学新制度主义的三个流派》，《教学与研究》2007 年第 11 期。
③ Walter W. Powell and Paul Dimaggio, *The New Institutionalism in Organizational Analysis*, Chicago: University of Chicago Press. 1991.
④ Richard W. Scott, *Institutions and Organizations: Ideas and Interests* (*Third Edition*), London: Sage Publications, 2008.

会学的研究中都有广泛的应用，制度的重要性得到了学者们的广泛认可。对制度理论不同的研究视角的差异主要来自有关制度的界定、假设、效率等方面的不同。

二 制度的定义与构成

（一）制度的定义

旧制度经济学家托斯丹·凡勃伦1899年在《有闲阶级论》(*The Theory of the Leisure Class*)一书中给制度提出了一个一般性定义，指出"制度实质上是个人或社会对某些关系和作用的一般思想习惯"[①]。约翰·康芒斯将制度定义为集体行动对个体行动的控制[②]。道格拉斯·诺斯认为制度是为决定人们相互关系而被制定出来的一些制约，是社会的"游戏规则"[③]。制度构造了人类社会的激励结构，是理解历史变迁的关键。道格拉斯·诺斯对制度的定义与约翰·康芒斯的相似之处在于制度规范的对象是人的行为，但更进一步指出了制度构建了激励结构。舒尔茨将制度定义为涉及社会、政治及经济行为的行为规则[④]。弗农·拉坦（Vernon W. Ruttan）认为制度是被用于支配特定行为模式与相互关系的行为准则[⑤]。青木昌彦作为"比较分析制度"学派的代表，将制度定义为共有信念的自我维持系统，其实质是对博弈均衡的概要表征，认为制度通过扼要表征（默契的或符号的）协调人们的理念来控制参

[①] ［美］凡勃伦：《有闲阶级论》，商务印书馆1964年版。
[②] ［美］康芒斯：《制度经济学》，商务印书馆1962年版。
[③] Douglass D. North, *Institutions, Institutional Change and Economic Performance*, New York: Cambridge University Press, 1990.
[④] ［日］舒尔茨：《制度与人的经济价值的不断提高》，科斯等译，《财产权利与制度变迁：产权学派与新制度学派译文集》，生活·读书·新知三联书店、上海人民出版社1991年版。
[⑤] ［美］拉坦：《诱使性制度变迁理论》，科斯等译，《财产权利与制度变迁：产权学派与新制度学派译文集》，生活·读书·新知三联书店、上海人民出版社1991年版。

与人的决策规则①。社会学领域著名的组织社会学家理查德·斯科特将制度定义为受规章、规范及认知体系制约的结构和活动，这些结构和活动使社会行为产生意义②。通过上述文献回顾，笔者认为制度就是社会中一系列认定的行为规则，构建了人们互动时的激励结构。

（二）制度的构成

对制度类型或制度结构的剖析，是制度分析的基本理论前提③。道格拉斯·诺斯将制度区分为正式制度和非正式制度：正式制度主要包括政治规则、经济规则和合约；非正式制度主要包括行为规范、行为准则和习俗。其中，正式制度是重要的约束部分，而非正式制度则是正式制度的有益补充④。舒尔茨将制度区分为以下几类：降低交易费用的制度、影响生产要素配置的制度、个人与组织间联系的制度以及公共品和服务生产和配置制度⑤。埃莉诺·奥斯特罗姆（Elinor Ostrom）将制度分为以下四个层次：宪法层次、集体行动层次、操作层次、选择层次⑥。理查德·斯科特将构成或支撑制度的三大基础要素做了如下定义：规制性基础要素，包括强制性暴力、奖惩和权益性反应；规范性基础要素，主要包括规则与规范；文化—认知性基础要素，构成了关于社会性质的共识以及建构意见的框架；三大基础要素的秩序基础分别是规则性规制、约束性期待

---

① ［日］青木昌彦：《比较制度分析》，周黎安译，上海远东出版社2001年版。

② Nan Lin, *Social Capital: A Theory of Social Structure and Action*, New York: Cambridge University Press, 2001.

③ 卢现祥：《新制度经济学》，武汉大学出版社2011年版。

④ Douglass Cecil North, *Institutions, Institutional Change, and Economic Performance*, Cambridge: Cambridge University Press, 1990.

⑤ ［日］舒尔茨：《制度与人的经济价值的不断提高》，科斯等译，《财产权利与制度变迁：产权学派与新制度学派译文集》，生活·读书·新知三联书店、上海人民出版社1991年版。

⑥ Elinor Ostrom, *Institutional Arrangements and The Commons Dilemma*, Rethinking Institutional Analysis and Development: Issues, Alternatives, and Choices, San Francisco: ICS Press, 1988.

与建构性图式[1]。

三 制度理论在创业管理研究中的应用

(一) 制度理论在管理学研究中的使用情况

制度理论已经成为创业管理研究中越来越被广泛采用的视角，基于制度理论视角开展的研究在过去几年中正在快速增长[2]。制度环境在对人类行为做出约束的同时，也降低了环境不确定性，减少了交易费用，为社会提供了激励机制，并借此与组织展开互动。组织通过遵从制度环境的约束，在提高效率的同时也能获取认同与合法性，而这对于新创组织克服"弱性"是非常重要的。制度理论将制度与组织相连接，被学者们广泛应用到复杂系统的组织行为研究中。制度理论在战略管理[3][4]、供应链管理[5][6]、会计学[7][8]、人力资

---

[1] Nan Lin, *Social Capital: A Theory of Social Structure and Action*, New York: Cambridge University Press, 2001.

[2] Jing Su, Qinghua Zhai and Tomas Karlsson, "Beyond Red Tape and Fools: Institutional Theory in Entrepreneurship Research, 1992–2014", *Entrepreneurship Theory and Practice*, Vol. 41, No. 4, 2014.

[3] Mike W. Peng, Sunny Li Sun, Brian Pinkham, et al., "The Institution-Based View as a Third Leg for a Strategy Tripod", *Academy of Management Perspectives*, Vol. 23, No. 3, 2009.

[4] Eric Yanfei Zhao E. Y., Greg Fisher, Michael Lounsbury, et al., "Optimal Distinctiveness: Broadening the Interface Between Institutional Theory and Strategic Management", *Strategic Management Journal*, Vol. 38, No. 1, 2017.

[5] George A. Zsidisin, Steven A. Melnyk and Gary L. Ragatz, "An Institutional Theory Perspective of Business Continuity Planning for Purchasing and Supply Management", *International Journal of Production Research*, Vol. 43, No. 16, 2005.

[6] Katri Kauppi, "Extending the Use of Institutional Theory in Operations and Supply Chain Management Research", *International Journal of Operations & Production Management*, Vol. 33, No. 10, 2013.

[7] João A. Ribeiro and Robert W. Scapens, "Institutional Theories in Management Accounting Change", *Qualitative Research in Accounting & Management*, Vol. 3, No. 2, 2006.

[8] Ewelina Zarzycka, "Institutional Theory and Its Application in Management Accounting Research", *Theoretical Journal of Accounting*, Vol. 70, No. 126, 2013.

源管理以及创业管理等领域①也得到广泛应用。

制度理论在战略管理研究中得到广泛的应用,彭维刚(Mike W. Peng)开展了一系列研究。彭维刚通过对相关研究成果的总结,提出了基于制度理论的战略观,总结了制度、组织和战略选择之间的关系,指出随着制度在战略选择过程中作用的提升,正式和非正式制度直接影响企业战略选择②(如图2.1所示)。彭维刚基于制度理论的战略观,用以解释亚洲企业战略选择与西方企业的差异原因,并具体分析了供应商战略、创业战略、多元化战略与成长战略③。彭维刚提出了基于制度理论的国际商业战略,并将制度环境及变迁与产业层面竞争、公司特殊资产与能力一道作为战略三角支柱,并对印度、中国等新兴经济体企业的国际化战略进行了分析④。

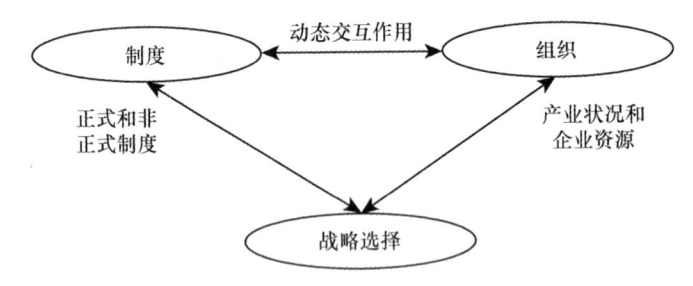

图 2.1 制度、组织和战略选择

资料来源:Mike W. Peng, Denis Y. L. Wang and Yi Jiang, "An Institution-Based View of International Business Strategy: A Focus on Emerging Economies", *Journal of International Business Studies*, Vol. 39, No. 5, 2008。

---

① A. Banu Goktan, "Impact of Green Management on CEO Compensation: Interplay of the Agency Theory and Institutional Theory Perspectives", *Journal of Business Economics and Management*, Vol. 15, No. 1, 2014.

② Mike W. Peng, *Business Strategies in Transition Economies*, Sage: Thousand Oaks, CA and London, 2000.

③ Mike W. Peng, "Towards an Institution-Based View of Business Strategy", *Asia Pacific Journal of Management*, Vol. 19, No. 2-3, 2002.

④ Mike W. Peng, Denis Y. L. Wang and Yi Jiang, "An Institution-Based View of International Business Strategy: A Focus on Emerging Economies", *Journal of International Business Studies*, Vol. 39, No. 5, 2008.

国内学者也已将制度理论应用到管理学研究中，且发文量呈逐年上升状态，但本土化程度尚存在不足。吴小节等将管理学中制度理论流派划分为制度同行化、制度经济学派、制度社会学派以及制度逻辑等四个流派，对国家自然科学基金委员会管理科学部认定的重要期刊和 CSSCI（2014—2015 年）管理类来源期刊等 42 种期刊上发表的有关使用制度理论所开展的管理学研究类论文进行了分析与评估。研究发现，现有研究主要集中在制度经济学和制度社会学派上，开展的研究中高达 4/5 为非本土化研究，虽然使用制度理论的管理学论文在逐年增加，但基于制度理论对本土化现象开展的研究较少，学者们不热衷于关注或参与一线管理实践、对经典文献关注不足等是造成这种情况的原因[1]。此外，中国学者利用制度理论在创业管理领域也开展了相关研究，本研究随后将对其进行理论回顾。

（二）制度理论在创业管理研究中的使用情况

制度环境与政府政策对于创业活动至关重要，通过影响企业创业活动的相对报酬，制度可以决定资源在生产性与非生产性创业活动间的分配，是促进创业的重要影响因素[2][3]。将制度理论应用到创业研究中已经被证实是特别有用的[4]。通过对 1992—2014 年发表在顶级管理学期刊中使用制度理论视角进行创业管理研究论文的回

---

[1] 吴小节、彭韵妍、汪秀琼：《中国管理本土研究的现状评估与发展建议——以基于制度理论的学术论文为例》，《管理学报》2016 年第 13 期。

[2] David Ahlstrom and Garry D. Bruton, "An Institutional Perspective on the Role of Culture in Shaping Strategic Actions by Technology Focused Entrepreneurial Firms in China", *Entrepreneurship Theory and Practice*, Vol. 26, No. 4, 2002.

[3] Maria Minniti, "The Role of Government Policy on Entrepreneurial Activity: Productive, Unproductive, or Destructive?", *Entrepreneurship Theory and Practice*, Vol. 32, No. 5, 2008.

[4] Garry D. Bruton, David Ahlstrom and Han-lin Li, "Institutional Theory and Entrepreneurship: Where Are We Now and Where Do We Need to Move in the Future?", *Entrepreneurship Theory and Practice*, Vol. 34, No. 3, 2010.

顾，苏静（Jing Su）等将其划分为以下三个阶段：1992—2000年，概念阶段；2001—2007年，探索阶段；2008—2014年，接受阶段[1]。近年来，越来越多的学者开始利用制度理论研究创业问题，通过对相关文献的梳理与回顾，这些研究可以划分为以下三类。

1. 制度环境对新创企业创业行为的具体影响

制度环境通过塑造政治、社会和经济激励结构，规定并限制了新创企业对资源、机会以及合法性的获取，进而影响新创企业的产生及发展[2]。对于制度与创业关系，学者们已经达成了一个比较广泛的共识，即公司的创立受到创业者所处的经济和政治环境的影响。国家间在金融、知识产权、公司治理等制度方面的差异导致了经济绩效的差异[3]，也影响了创业者的创业活动[4]。鲁塔·艾迪斯（Ruta Aidis）等将全球创业观察数据（GEM）进行操作化，认为俄罗斯薄弱的制度环境可以用来解释其相对较低的创业水平[5]。杰弗里·麦克默伦（Jeffery S. Mcmullen）等研究发现机会导向与需求导向的创业活动都与一个国家的劳工自由度正相关，机会导向的创业活动与知识产权制度高度正相关，而需求导向创业活动与货币、金

---

[1] Jing Su, Qinghua Zhai and Tomas Karlsson, "Beyond Red Tape and Fools: Institutional Theory in Entrepreneurship Research, 1992 – 2014", *Entrepreneurship Theory and Practice*, Vol. 41, No. 4, 2014.

[2] Hokyu Hwang, Walter W. Powell, "Institutions and Entrepreneurship", in Zoltan J. Acs, David B. Audretsch, *Handbook of Entrepreneurship Research*, New York: Springer, 2005.

[3] Harry G. Broadman, *Building Market Institutions in South Eastern Europe: Comparative Prospects for Investment and Private Sector Development*, World Bank Publications, 2004.

[4] David Ahlstrom and Garry D. Bruton, "An Institutional Perspective on the Role of Culture in Shaping Strategic Actions by Technology Focused Entrepreneurial Firms in China", *Entrepreneurship Theory and Practice*, Vol. 24, No. 4, 2002.

[5] Ruta Aidis, Saul Estrin and Tomasz Mickiewicz, "Institutions and Entrepreneurship Development in Russia: A Comparative Perspective", *Journal of Business Venturing*, Vol. 23, No. 6, 2008.

融自由高度相关[①]。

目前，学者们主要从正式制度与非正式制度两个维度探讨制度环境对新创企业创业行为的具体影响。在正式制度方面，规制是政府管理经济行为的重要举措。大卫·哈特（David M. Hart）通过案例研究发现美国新泽西州通过出台相关产业政策促进了光伏发电业发展，光伏产业不同发展阶段表现出鲜明的政策特征。[②] 与大卫·哈特所开展的研究相类似，韦斯利·西恩（Wesley D. Sine）和罗伯特·戴维（Robert J. David）对过去40年间美国电力产业的制度变化进行了追踪研究，指出稳定的制度环境导致了企业组织结构和战略的同质，阻碍了企业创业活动，而由环境冲击带来的制度变革则促进了电力产业的发展[③]。此外，其他学者还从更加宏观的视角对这一问题进行了研究。马格努斯·亨雷克森（Magnus Henrekson）将创业者视为"寻租人"，通过对知识产权、税收等政策的具体分析，指出制度环境在很大程度上决定了创业活动的产出[④]。韦斯利·西恩和布兰登·李（Brandon H. Lee）通过对美国新创能源企业的研究发现，产业内规制的演变通过影响新创企业成本、收益以及这种创业行为伴随的风险，在提高其自身合法性的同时也为其提

[①] Jeffery S. Mcmullen, D. Ray Bagby and Leslie E. Palich, "Economic Freedom and the Motivation to Engage in Entrepreneurial Action", *Entrepreneurship Theory and Practice*, Vol. 32, No. 5, 2008.

[②] David M. Hart, "Making, Breaking, and (Partially) Remaking Markets: State Regulation and Photovoltaic Electricity in New Jersey", *SSRN Electronic Journal*, Vol. 38, No. 11, 2010.

[③] Wesley D. Sine and Robert J. David, "Environmental Jolts, Institutional Change, and the Creation of Entrepreneurial Opportunity in the US Electric Power Industry", *Research Policy*, Vol. 32, No. 2, 2003.

[④] Magnus Henrekson, *Entrepreneurship and Institutions*, IFN Working Paper, Vol. 28, No. 4, 2010.

供了更多的融资机会[1]。拉奎尔·安托林·洛佩兹（Raquel Antolín López）等通过对欧盟27国1998—2009年能源产业的实证研究，发现政府制定的税收优惠、补贴、贴息贷款以及保护价格等激励措施，降低了新能源产业的市场进入门槛，也提高了这些国家的环境保护成效[2]。李华晶通过对深圳市电动汽车发展的案例分析，发现了规制、认知和规范等制度环境对绿色创业的驱动机理[3]。倪嘉成和李华晶的研究表明科技人员的创业认知正向影响创业行为，助力性制度环境具有正向调节作用，但规制环境和规范环境的调节作用不显著[4]。蔡宁等认为制度压力下企业创业行为受到制度压力水平影响，压力较大时企业倾向于依靠合法性选择业务，反之倾向于依靠效率机制选择业务[5]。塞林·迪利（Selin Dilli）通过对西方21个发达国家的开展的实证研究表明能够促进不同创业者创业的制度环境并不存在，制度安排需要在不同创业类型中进行权衡[6]。

在非正式制度方面，社会规范是指人们对道德上的正确性以及

---

[1] Wesley D. Sine and Brandon H. Lee, "Tilting at Windmills? The Environmental Movement and the Emergence of the US Wind Energy Sector", *Administrative Science Quarterly*, Vol. 54, No. 1, 2009.

[2] Raquel Antolín López, Jeffrey York and Javier Martinez-del-Rio, "Renewable Energy Emergence in the European Union: The Role of Entrepreneurs, Social Norms and Policy", *Frontiers of Entrepreneurship Research*, Vol. 33, No. 14, 2013.

[3] 李华晶：《绿色创业的路径差异与融合：基于新企业与在位企业的比较分析》，《中国科技论坛》2013年第9期。

[4] 倪嘉成、李华晶：《制度环境对科技人员创业认知与创业行为的影响》，《科学学研究》2017年第4期。

[5] 蔡宁、贺锦江、王节祥：《"互联网+"背景下的制度压力与企业创业战略选择——基于滴滴出行平台的案例研究》，《中国工业经济》2017年第3期。

[6] Selin Dilli, Niklas Elert and Andrea M. Herrmann, "Varieties of Entrepreneurship: Exploring the Institutional Foundations of Different Entrepreneurship Types Through 'Varieties-of-Capitalism' Arguments", *Small Business Economics*, Vol. 51, No. 293–320, 2018.

特定行为可取性所持有的信念、价值观和态度等。从这一视角出发，威廉·米克（William R. Meek）等对美国太阳能产业的研究发现，消费者环保消费习惯以及家庭间相互依赖习惯等社会规范与新企业进入该产业密切相关[1]。此外，韦斯利·西恩和布兰登·李还从认知角度进行了研究，结果显示在美国风电产业发展过程中，环保组织通过构建和宣传环境恶化这一社会问题，在打破原有能源生产格局和提出发展新能源这一解决方案的过程中发挥了重要作用，并为风电以及其他新能源产业提供支持的基础[2]。

2. 制度创业问题

制度创业是指对特定制度安排有利益诉求的创业者通过资源来创造新的制度或者改变现有制度，从中获利以实现其创业目的的活动[3][4]。制度理论强调制度力量对塑造组织过程的影响，而创业研究强调创造性力量的变革性，制度创业将两个看似矛盾的问题结合在一起，为解释制度从何而来提供了新的视角[5]。制度创业研究所要回答的核心问题就是已经服从于塑造其观念、偏好的个体和组织，又怎么能产生新的制度设想并推进制度变迁，亦即如何避免陷

---

[1] William R. Meek, Desirée F. Pacheco and Jeffrey G. York, "The Impact of Social Norms on Entrepreneurial Action: Evidence from the Environmental Entrepreneurship Context", *Journal of Business Venturing*, Vol. 25, No. 5, 2010.

[2] Wesley D. Sine and Brandon H. Lee, "Tilting at Windmills? The Environmental Movement and the Emergence of the US Wind Energy Sector", *Administrative Science Quarterly*, Vol. 54, No. 1, 2009.

[3] Paul J. Dimaggio and Walter W. Powell, "Introduction", in Walter W. Powell and Paul J. Dimaggio, eds., *The New Institutionalism in Organizational Analysis*, Chicago: University of Chicago Press, 1991.

[4] Steve Maguire and Thomas B. Lawrence, "Institutional Entrepreneurship in Emerging Fields: HIV/AIDS Treatment Advocacy in Canada", *Academy of Management Journal*, Vol. 47, No. 5, 2004.

[5] 李雪灵等：《制度创业文献回顾与展望：基于"六何"分析框架》，《外国经济与管理》2015年第4期。

入"嵌入能动性悖论"[①]。在法制环境并不完善、商业规范欠缺的商业环境下,创业者需要以制度创业者的身份参与制度创新、再造与变迁。伯纳德·莱卡(Bernard Leca)等对1988年保罗·迪马奇奥提出制度创业以来的67篇文献进行了回顾,发现场域情境、参与者社会地位、参与者特质对制度创业活动起到了驱动作用;制度创业者在创业过程中通常使用话语策略、调配资源、设计制度安排来实现制度创业。[②]

针对制度创业问题,学者们开展的研究多是从产业如何兴起与发展这一视角展开的。曹瑄玮(Xuanwei Cao)等以中国太阳能产业这一具有较强政府规划性的战略性新兴产业为研究对象,探讨了个人"自下而上"与政府"自上而下"两种制度创新与创业方式的成效问题,认为由地方政府主导的"自上而下"的制度创业活动会导致结果的不确定以及市场机会的扭曲,而积累了大量政治人脉的个人创业者通过将"自下而上"与"自上而下"的方式相结合,更能够抓住制度与市场机会[③]。索非亚·阿夫迪奇科娃(Sofia Avdeitchikova)和拉斯·科恩(Lars Coenen),研究了清洁能源商业化过程中"代理人"与产业结构之间的互动问题,亦即创业者在塑造行业过程中扮演何种角色[④]。徐二明和肖坚石对中国企业制度创业战略选择进行了探析,提出一个合法性与资源约束下的二元制度创

[①] Myeong-Gu Seo and William Edward Douglas Creed, "Institutional Contradictions, Praxis, and Institutional Change: A Dialectical Perspective", *Academy of Management Review*, Vol. 27, No. 2, 2002.

[②] Bernard Leca, Julie Battilana and Eva Boxenbaum, *Agency and Institutions: A Review of Institutional Entrepreneurship*, Cambridge, MA: Harvard Business School, 2008.

[③] Xuanwei Cao, Yipeng Liu and Chunhui Cao, "Institutional Entrepreneurs on Opportunity Formation and Exploitation in Strategic New Industry", *International Journal of Emerging Markets*, Vol. 9, No. 3, 2014.

[④] Sofia Avdeitchikova and Lars Coenen, "Commercializing Clean Technology Innovations: The Emergence of New Business in an Agency-Structure Perspective", *Papers in Innovation Studies*, No. 6, 2013.

业战略选择框架①。谢青和田志龙对中国处于不同场域新能源汽车制度创业策略进行了分析，对不同组织场域下的制度创业活动进行了对比②。江诗松、龚丽敏和魏江在整合企业战略制度观和资源观（特别是动态能力视角）的基础上，对转型经济背景下国有企业和民营企业的企业政治战略进行了比较，解释了国有企业和民营企业的政治战略选择模式和机理③。通过上述理论回顾，我们不难发现一个产业的兴起与发展离不开制度制定者与产业参与者的共同努力，在此过程中创业者的能动性也发挥着关键作用。

3. 合法性问题

制度理论不仅为理解组织创立提供了理论基础，还强调了组织获取合法性的重要性。合法性是指组织存在并以某种方式开展某项活动的权利，新创企业及其员工可以通过遵守法律规定、按照被社会广泛接受与期待的规范和认知行事，提供可以惠及大众的产品与服务，否则将会面临惩罚④。对于新创企业而言，将其行为合法化才能获取资源并取得利益相关者和社会的支持。产业是其内部组织不断进入与退出的演化过程及其由此带来权利平衡的变化结果，研究制度与组织的共演过程是理解组织领域发展动力的关键⑤。

从共演视角研究制度与组织动态演化过程及其所带来的合法性问题是学者们研究新创企业合法性一个主要切入点。拉奎尔·安托

---

① 徐二明、肖坚石：《中国企业制度创业战略选择探析》，《科学学与科学技术管理》2016年第37期。

② 谢青、田志龙：《创新政策如何推动我国新能源汽车产业的发展——基于政策工具与创新价值链的政策文本分析》，《科学学与科学技术管理》2015年第6期。

③ 江诗松、龚丽敏、魏江：《转型经济背景下后发企业的能力追赶：一个共演模型——以吉利集团为例》，《管理世界》2011年第4期。

④ Mark Suchman, "Managing Legitimacy: Strategic and Institutional Approaches", Academy of Management Review, Vol. 20, No. 3, 1995.

⑤ Andrew J. Hoffman, "Institutional Evolution and Change: Environmentalism and the U. S. Chemical Industry", Academy of Management Journal, Vol. 42, No. 4, 1999.

林·洛佩兹等研究了规章、规范和认知等制度是如何与产业共演的，指出企业在做出技术决策的时候通过参与、遵守规章，推广、采用新技术以及按照社会价值观行事可以获取合法性。获取合法性可以为新创企业提供创业机会[1]。莎伦·阿尔瓦雷斯（Sharon A. Alvarez）以加拿大霸王蟹生产商洛厄尔·韦克菲尔德（Lowell Wakefield）为研究对象，对加拿大霸王蟹产业与制度环境进行了共演研究，与传统研究关于制度创业者将改变制度作为提高社会利益的结果相反，该研究表明先前没有任何组织从属与经历的追求利润的创业者，可以通过参与建立组织合法性的工作以获取政治和法规支持、构建同业系统、建立产业特征，而这都是创造创业机会的一部分[2]。此外，一些学者还研究了新创企业获取合法性的战略问题。加里·布鲁顿和戴维·阿尔斯特罗姆认为获取合法性是中国本土企业在面临不利制度环境时取得成功的原因，并从合法性类型以及企业行动两个维度提出了九种取得合法性的战略[3]。王玲玲等研究表明新创企业网络关系强度对组织合法性具有正向影响，高水平规范和低水平规制起到了显著的调节作用，而认知的调节作用不显著[4]。

（三）现有研究存在的不足

学者们就制度环境对创业行为将会产生重要影响这一观点已经达成一致，越来越多的学者开始利用制度理论来研究创业问题，制

---

[1] Raquel Antolín López, Jeffrey York and Javier Martinez-del-Rio, "Renewable Energy Emergence in the European Union: The Role of Entrepreneurs, Social Norms and Policy", *Frontiers of Entrepreneurship Research*, Vol. 33, No. 14, 2013.

[2] Sharon A. Alvarez, Susan L. Young and Jennifer L. Woolley, "Opportunities and Institutions: A Co-Creation Story of the King Crab Industry", *Journal of Business Venturing*, Vol. 30, No. 1, 2015.

[3] Garry D. Bruton and David Ahlstrom, "Learning from Successful Local Private Firms in China: Establishing Legitimacy", *The Academy of Management Executive*, Vol. 15, No. 4, 2001.

[4] 王玲玲、赵文红、魏泽龙：《创业制度环境、网络关系强度对新企业组织合法性的影响研究》，《管理学报》2017年第14期。

度理论的引入为创业管理研究提供了新的视角。

通过对上述文献进行分析，笔者认为就现有研究来看尚存在以下不足，需要在未来的研究中加以注意与深化。一是学者们在研究过程中，多数没有明确自己所采取制度理论的理论取向与认知。学者们在开展经济学、社会学和政治学的研究过程中都已经开始使用制度理论，但对制度的理解和研究方法的使用却存在很大差异。对于不同制度流派及其对制度认知的差异，学者们在利用制度理论研究创业问题时很少注意并进行界定，而这将影响研究结果及其推论。二是学者们所开展的研究多在产业层面展开，在企业层面开展的研究较少，对新创企业如何在既定制度环境下进行战略选择，机会资源一体化行为受到哪些影响以及对制度环境做出反馈与影响的研究存在不足。三是拓展制度环境对创业行为影响研究的"情境化"。近年来，为了促进战略性新兴产业、高端制造业发展，中国出台了一系列制度、规划，这些制度安排对企业创业行为的具体影响及机制需要进一步挖掘，开展这些研究一方面能够为中国相关产业制度安排及其演进提供理论支撑，另一方面也能为企业具体创业实践提供案例参考。

第二节　动态能力理论

20世纪90年代以来，随着全球化速度的进一步加快，企业面临更加复杂、多变的外部环境，企业如何适应快速多变的环境，获取并长期保持竞争优势成为学者们关注的热点问题。以迈克尔·波特（Michael E. Porter）等学者提出的竞争优势理论对产业竞争结构进行分析，以比格·沃纳菲特（Birger Wernerfelt）、杰伊·巴尼（Jay Barney）为代表的学者提出了资源基础观，强调企业的资源具有异质性和独特性，这些资源可以转变为企业竞争优势[1][2]。上述理论虽然可以解释企业竞争优势的来源，但理论适用范围只局限在静态的环境下，却不能解释为什么在动态环境下一些企业的绩效比另一些企业表现要好。在这一背景下，1997年，大卫·蒂斯发表了《企业动态能力：导言》一文，对动态能力理论进行了系统阐述[3]。此后，以康斯坦斯·赫尔法（Constance E. Helfat）[4]、凯瑟琳·艾森哈特和杰弗里·马丁以及大卫·蒂斯等为代表的学者们提出并发展了动态能力理论[5][6]，将企业在动态的环境中感知市场机会，更新、整合、重构资源的能力用于解释企业竞争优势的来源。这一理论不仅受到了战略管理领域学者的关注，而且一些学者也将其运用到新创企业研究中，用以研究新创企业成长与竞争优势来源等问题[7][8][9]。

---

[1] Birger Wernerfelt, "A Resource-Based View of the Firm", *Strategic Management Journal*, Vol. 5, No. 2, 1984.

[2] Jay Barney, "Firm Resources and Sustained Competitive Advantage", *Journal of Management*, Vol. 17, No. 1, 1991.

[3] David J. Teece and Gary P. Pisano, "The Dynamic Capabilities of Firms: An Introduction", *Industrial and Corporate Change*, Vol. 3, No. 3, 1994.

[4] Constance E. Helfat, "Know-How and Asset Complementarity and Dynamic Capability Accumulation: The Case of R&D", *Strategic Management Journal*, Vol. 18, No. 5, 1997.

[5] Kathleen M. Eisenhardt and Jeffrey A. Martin, "Dynamic Capabilities: What Are They?", *Strategic Management Journal*, Vol. 21, No. 10–11, 2000.

[6] David J. Teece, "A Dynamic Capabilities-Based Entrepreneurial Theory of the Multinational Enterprise", *Journal of International Business Studies*, Vol. 45, No. 1, 2014.

[7] Shaker A. Zahra, Harry J. Sapienza and Per Davidsson, "Entrepreneurship and Dynamic Capabilities: A Review, Model and Research Agenda", *Journal of Management Studies*, Vol. 43, No. 4, 2006.

[8] 王瀚轮、蔡莉、尹苗苗：《创业领域动态能力研究述评》，《经济纵横》2010年第7期。

[9] 马鸿佳、宋春华、葛宝山：《动态能力、即兴能力与竞争优势关系研究》，《外国经济与管理》2015年第11期。

一 动态能力内涵

企业动态能力理论是学者们对资源基础观（RBV）的进一步扩展，是解释企业竞争优势来源的一种新尝试，但学者们对于动态能力的内涵并没有达成一致。目前，学者们在对动态能力内涵的界定上主要从"能力"与"过程"两个视角进行切入（见表 2.1）。

表 2.1　　　　　　　　　动态能力内涵的界定

界定视角	研究者	定义
"能力"视角	大卫·蒂斯等[1]	整合、构建并重构内外部资源与能力（组织技能、运营能力）的能力
	康斯坦斯·赫尔法[2]	创造新产品、新流程以适应动态变化市场环境的能力
	悉尼·温特[3]	用来扩展、修正、创造常规能力的高阶能力
	谢克·匝若等[4]	决策者能够按照可预期的合适的方式对公司的资源和管理进行重构的能力
"过程"视角	凯瑟琳·艾森哈特和杰弗里·马丁[5]	一组公司具体的、可辨别的过程，如：产品开发、战略决策制定与实施

---

[1] David J. Teece, Gary P. Pisano and Amy Shuen, "Dynamic Capabilities and Strategic Management", *Strategic Management Journal*, Vol. 18, No. 7, 1997.

[2] Constance E. Helfat, "Know – How and Asset Complementarity and Dynamic Capability Accumulation: The Case of R&D", *Strategic Management Journal*, Vol. 18, No. 5, 1997.

[3] Sidney G. Winter, "Understanding Dynamic Capabilities", *Strategic Management Journal*, Vol. 24, No. 10, 2003.

[4] Shaker A. Zahra, Harry J. Sapienza and Per Davidsson, "Entrepreneurship and Dynamic Capabilities: A Review, Model and Research Agenda", *Journal of Management Studies*, Vol. 43, No. 4, 2006.

[5] Kathleen M. Eisenhardt and Jeffrey A. Martin, "Dynamic Capabilities: What Are They?", *Strategic Management Journal*, Vol. 21, No. 10 – 11, 2000.

续表

界定视角	研究者	定义
"过程"视角	毛里齐奥·佐洛和悉尼·温特[1]	组织通过学习而获得的稳定的集体行为模式
	康斯坦斯·赫尔法[2]	履行一项特殊任务或活动的能力
	凯瑟琳·王和佩尔瓦兹·艾哈迈德[3]	不断整合、重构、更新和再造资源和能力的行为导向,不仅仅是一种过程,而且嵌入过程中
	王瀚轮等[4]	整合、配置企业仅有的创业资源,适应外部环境变化并有利于新企业生存和成长的能力,形成于新企业的创建过程

资料来源:根据相关文献整理。

(一) 基于"能力"视角的动态能力

以大卫·蒂斯为首的一些学者将动态能力视为一种能力或才能(ability or capacity)。大卫·蒂斯等将动态能力定义为企业整合、构建并重构内外部资源与能力以应对快速变化的外部环境的能力。其中,"动态"是指企业对能力的不断重构;"能力"则强调战略管理在适应、整合、重构内外部组织技能、资源以适应环境需求的能力[5]。康斯坦斯·赫尔法认为动态能力是指企业创造新产品、新流

---

[1] Maurizio Zollo and Sidney G. Winter, "Deliberate Learning and the Evolution of Dynamic Capabilities", *Organization Science*, Vol. 13, No. 3, 2002.

[2] Constance E. Helfat, Sydney Finkelstein, Will Mitchell, et al., "Dynamic Capabilities—Understanding Strategic Change in Organizations", *Academy of Management Review*, Vol. 30, No. 1, 2007.

[3] Catherine L. Wang and Pervaiz K. Ahmed, "Dynamic Capabilities: A Review and Research Agenda", *International Journal of Management Reviews*, Vol. 9, No. 1, 2007.

[4] 王瀚轮、蔡莉、尹苗苗:《创业领域动态能力研究述评》,《经济纵横》2010年第7期。

[5] David J. Teece, Gary P. Pisano and Amy Shuen, "Dynamic Capabilities and Strategic Management", *Strategic Management Journal*, Vol. 18, No. 7, 1997.

程以适应动态变化市场环境的能力①。悉尼·温特（Sidney G. Winter）引入能力阶层理论，对动态能力的内涵进行了扩展，将动态能力定义为用来扩展、修正、创造常规能力的高阶能力，与之相对应的低阶能力（常规能力）是指企业在短期内维持生存的能力②。从逻辑上而言，一个企业据此可以培育更加高层的能力。谢克·匝若等将动态能力视为公司主要决策者能够按照可预期的合适方式对公司的资源和管理进行重构的能力③，这一定义与悉尼·温特所提出的将组织生产期待产出的能力定义为常规能力（实质性能力）以及将操纵这种实质性能力的能力定义为动态能力的取向相一致。冯军政和魏江认为动态能力是企业的高阶能力，具有组织惯例和组织能力的基本特征，是高度程式化且可重复的能力④。

通过对上述学者有关动态能力定义的回顾与分析，基于"能力"视角对动态能力所给出的定义将动态能力视为企业感知和识别内外部风险，整合、重构内外部资源，以及进行学习的能力，其取向为完成组织和管理过程的能力。

（二）基于"过程"视角的动态能力

凯瑟琳·艾森哈特和杰弗里·马丁将动态能力定义为一组公司具体的、可辨别的过程，例如产品开发、战略决策制定与实施等，

---

① Constance E. Helfat, "Know – How and Asset Complementarity and Dynamic Capability Accumulation: The Case of R&D", *Strategic Management Journal*, Vol. 18, No. 5, 1997.

② Sidney G. Winter, "Understanding Dynamic Capabilities", *Strategic Management Journal*, Vol. 24, No. 10, 2003.

③ Shaker A. Zahra, Harry J. Sapienza and Per Davidsson, "Entrepreneurship and Dynamic Capabilities: A Review, Model and Research Agenda", *Journal of Management Studies*, Vol. 43, No. 4, 2006.

④ 冯军政、魏江：《国外动态能力维度划分及测量研究综述与展望》，《外国经济与管理》2011年第7期。

而不是一种同义反复、模糊和无限递归的概念①。具体而言，动态能力就是企业整合、重构、获取与释放资源的过程，目的是匹配或创造市场变化。毛里齐奥·佐洛（Maurizio Zollo）和悉尼·温特将动态能力视为组织系统性产生并改变其日常运作惯例的以提高效率为目标的稳定的集体行为模式，是组织内部的一种惯例，他们强调了学习在动态能力形成与进化过程中所发挥的作用②。康斯坦斯·赫尔法将能力定义为履行一项特殊任务或活动的能力，强调在理解企业动态能力时必须考察其所嵌入的组织和管理流程③。更进一步，凯瑟琳·王（Catherine L. Wang）和佩尔瓦兹·艾哈迈德（Pervaiz K. Ahmed）将动态能力定义为企业不断整合、重构、更新和再造资源和能力的行为导向，认为动态能力不仅仅是一种过程，而是嵌入过程中④。王瀚轮等认为新创企业动态能力形成于新企业的创建过程中，是指企业整合、配置企业仅有的创业资源，适应外部环境变化并有利于新企业生存和成长的能力⑤。

上述学者基于"过程"视角对动态能力的概念进行了界定，将动态能力视为一种组织日常运作惯例、过程与模式，具体地、可以辨识地嵌入组织过程中。通过学者们基于"能力"视角与"过程"视角对动态能力概念的界定，我们不难发现学者们对动态能力内涵的界定还存在分歧。为此，笔者采取一种更加融合的视角看待动态

---

① Kathleen M. Eisenhardt and Jeffrey A. Martin, "Dynamic Capabilities: What Are They?", *Strategic Management Journal*, Vol. 21, No. 10 – 11, 2000.

② Maurizio Zollo and Sidney G. Winter, "Deliberate Learning and the Evolution of Dynamic Capabilities", *Organization Science*, Vol. 13, No. 3, 2002.

③ Constance E. Helfat, Sydney Finkelstein, Will Mitchell, et al., "Dynamic Capabilities—Understanding Strategic Change in Organizations", *Academy of Management Review*, Vol. 30, No. 1, 2007.

④ Catherine L. Wang and Pervaiz K. Ahmed, "Dynamic Capabilities: A Review and Research Agenda", *International Journal of Management Reviews*, Vol. 9, No. 1, 2007.

⑤ 王瀚轮、蔡莉、尹苗苗：《创业领域动态能力研究述评》，《经济纵横》2010年第7期。

能力，将动态能力视为嵌入组织和管理流程中，企业不断整合、构建和配置企业内外部资源以适应外部动态变化环境的能力，是可以通过学习获取、可重复地建立在企业常规能力基础上的高阶能力。这一概念将"能力"视角与"过程"视角相融合，将动态能力视为嵌入组织过程中的高阶能力，更加符合企业运营的实际。

二 动态能力维度划分与测量

学者们对动态能力内涵的不同解读也导致了动态能力维度划分的差异[①]。目前学者们对于动态能力的维度划分并没有达成一致，学者们从不同的视角出发得出不同的见解，但资源整合与重构能力两个维度得到了学者们的广泛认可。大卫·蒂斯等明确指出动态能力包括资源整合、构建和重构三个维度[②]。凯瑟琳·艾森哈特和杰弗里·马丁从过程角度将动态能力划分为资源整合、重构、获取与释放能力[③]。毛里齐奥·佐洛和悉尼·温特主要从组织主观学习方面定义了动态能力[④]。悉尼·温特认为动态能力包括扩展、修正和创造常规能力三个部分[⑤]。在此基础上，一些学者将学习能力引入到动态能力维度划分中。罗珉和刘永俊通过文献回顾，将动态能力划分为市场导向的感知能力、组织学习的吸收能力、社会网络的关

---

① 周键、王庆金：《创业企业如何获取持续性成长？基于创业动态能力的研究》，《科学学与科学技术管理》2017 年第 38 期。

② David J. Teece, Gary P. Pisano and Amy Shuen, "Dynamic Capabilities and Strategic Management", *Strategic Management Journal*, Vol. 18, No. 7, 1997.

③ Kathleen M. Eisenhardt and Jeffrey A. Martin, "Dynamic Capabilities: What Are They?", *Strategic Management Journal*, Vol. 21, No. 10–11, 2000.

④ Maurizio Zollo and Sidney G. Winter, "Deliberate Learning and the Evolution of Dynamic Capabilities", *Organization Science*, Vol. 13, No. 3, 2002.

⑤ Sidney G. Winter, "Understanding Dynamic Capabilities", *Strategic Management Journal*, Vol. 24, No. 10, 2003.

系能力以及沟通协调的整合能力四个维度①。马鸿佳等将动态能力划分为环境适应能力、资源整合能力与学习能力三个部分②。唐孝文等认为动态能力可以划分为环境洞察能力、规划设计能力、组织学习能力和变革领导能力四个维度③。此外，一些学者认为还应该将机会识别（认知）维度纳入动态能力。凯瑟琳·王和佩尔瓦兹·艾哈迈德识别了动态能力的三个主要构成因素：适应性能力、吸收性能力和创新性能力。其中，适应性能力是指企业识别、利用新现市场机会的能力；吸收性能力是指企业评估、利用外部知识，吸收并且将其应用到企业经营过程中的能力；创新性能力是指企业将战略创新导向与创新行为和组织流程相统一，开发新产品、新市场的能力④。保罗·帕夫（Paul A. Pavlou）和奥马尔·萨维（Omar A. El Sawy）将动态能力从感知、学习、整合和协调能力四个维度进行了划分⑤。与此类似，大卫·蒂斯认为动态能力包括机会识别与评估（感知）、调配资源利用机会捕捉价值（利用）与持续更新（转变）三个维度⑥。

总体而言，学者们在对动态能力维度的划分中，对资源整合和重构能力基本达成了一致。同时，反映企业在动态环境中对机会进行识别和评估的感知能力也得到了凯瑟琳·王和佩尔瓦兹·艾哈迈

---

① 罗珉、刘永俊：《企业动态能力的理论架构与构成要素》，《中国工业经济》2009 年第 1 期。

② 马鸿佳、董保宝、葛宝山：《创业能力、动态能力与企业竞争优势的关系研究》，《科学学研究》2014 年第 32 期。

③ 唐孝文、刘敦虎、肖进：《动态能力视角下的战略转型过程机理研究》，《科研管理》2015 年第 36 期。

④ Catherine L. Wang and Pervaiz K. Ahmed, "Dynamic Capabilities: A Review and Research Agenda", *International Journal of Management Reviews*, Vol. 9, No. 1, 2007.

⑤ Paul A. Pavlou and Omar A. El Sawy, "Understanding the Elusive Black Box of Dynamic Capabilities", *Decision Sciences*, Vol. 42, No. 1, 2011.

⑥ David J. Teece, "Dynamic Capabilities: Routines Versus Entrepreneurial Action", *Journal of Management Studies*, Vol. 49, No. 8, 2012.

德、保罗·帕夫和奥马尔·萨维等学者的认可。此外，凯瑟琳·艾森哈特和杰弗里·马丁、毛里齐奥·佐洛和悉尼·温特等学者所指出的学习能力对于企业动态能力构建和发展所起到的关键作用，笔者也将其作为动态能力的主要维度。基于上述分析，考虑到新创企业特殊情境，笔者采纳凯瑟琳·王和佩尔瓦兹·艾哈迈德、保罗·帕夫和奥马尔·萨维、马鸿佳等学者观点，将新创企业动态能力划分为感知能力、学习能力、整合能力与重构能力四个维度（如图2.2所示），以充分反映动态能力的"能力"与"过程"内涵，避免有失偏颇。

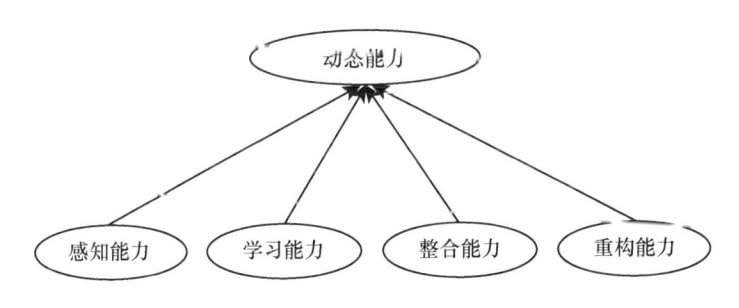

图 2.2 动态能力维度划分

资料来源：根据相关文献整理。

目前，学者们在对动态能力这一构念进行操作化时，主要采用案例研究法和问卷调研法。由于动态能力构念还处在不断完善过程中，且动态能力是嵌入组织过程中的，所面对的是组织外部快速变化的动态环境，因此通过案例研究把握动态能力具有极强的适用性。郑刚等通过半结构访谈与文本分析对中集集团罐箱业务的创新能力演化过程进行了纵向案例分析，分析了其不同发展阶段的机会感知、捕捉与资源重新配置三个方面的表现[①]。一些学者在对动态

---

① 郑刚、郭艳婷、罗光雄等：《新型技术追赶、动态能力与创新能力演化——中集罐箱案例研究》，《科研管理》2016年第37期。

能力维度进行划分的基础上,针对具体能力构成开发量表进行问卷调研。巫立宇依据大卫·蒂斯对动态能力的划分开发量表,对台湾高科技企业的动态能力进行了测量①。保罗·帕夫和奥马尔·萨维从感知能力、学习能力、整合能力和协调能力四个维度设计了量表,对动态能力进行测量②。李大元和刘娟整合其他学者研究成果,从战略感知决策能力、紧急决策能力以及变革能力三个维度开发量表,对中国217家企业的动态能力进行了问卷调研③。此外,还有一些学者将质性研究与定量研究相结合,以求更好地把握企业动态能力。汉努·马克科宁（Hannu Makkonen）等通过开展问卷调研与多案例研究,对组织的适应能力进行了测量④。此外,陈建军等还对动态能力的中介效应进行了研究,认为组织规范可以通过影响动态能力进而影响企业创新绩效⑤。

总体来看,案例研究法和问卷调研法在测量动态能力时各有优势,案例研究适合对组织与动态环境共同演化过程中动态能力的捕捉与跟踪,而问卷调研法可以对同类组织开展大样本调研,可以提高研究结果的普遍性。考虑到上述两种测量方法的优劣势,结合本研究目的,笔者将采取案例分析法对动态能力进行测

---

① Li-yu Wu, "Entrepreneurial Resources, Dynamic Capabilities and Start-Up Performance of Taiwan's High-Tech Firms", *Journal of Business Research*, Vol. 60, No. 5, 2007.

② Paul A. Pavlou and Omar A. El Sawy, "Understanding the Elusive Black Box of Dynamic Capabilities", *Decision Sciences*, Vol. 42, No. 1, 2011.

③ Da-yuan Li and Juan Liu, "Dynamic Capabilities, Environmental Dynamism, and Competitive Advantage: Evidence from China", *Journal of Business Research*, Vol. 67, No. 1, 2014.

④ Hannu Makkonen, Mikko Pohjola, Rami Olkkonen, et al., "Dynamic Capabilities and Firm Performance in a Financial Crisis", *Journal of Business Research*, Vol. 67, No. 1, 2014.

⑤ 陈建军、王正沛、李国鑫:《中国宇航企业组织结构与创新绩效:动态能力和创新氛围的中介效应》,《中国软科学》2018年第11期。

试，但在制定访谈大纲时，会结合动态能力内涵、维度划分对构念进行测量。

三 新创企业动态能力研究

动态能力理论为学者们解释企业在动态变化的环境中获取并保持竞争优势提供了新的理论范式，近年来新创企业动态能力问题也引起了学者们的关注。巫立宇对台湾高科技新创企业进行了研究，结果表明动态能力显著地帮助企业将创业资源配置到提升新创企业业绩中去，在创业资源与表现间起到了调节作用[①]。理查德·阿伦德（Richard J. Arend）对美国新创中小企业开展问卷调研，研究结果显示大多数新创企业都有某种维度的动态能力，而企业的成立年限和大小则导致动态能力对企业业绩影响的差异，企业通过资源的重新部署以创造并适应机会所展现的动态能力恰恰也是创业行为的核心，这正是动态能力理论与创业理论的交集所在[②]。

一方面，一些学者将动态能力引入对新创企业竞争优势获取的研究中，探索动态能力与新创企业竞争优势间关系。凯瑟琳·艾森哈特和杰弗里·马丁指出动态能力并不一定会促使企业取得良好业绩，动态能力是企业获取持续竞争优势的充分但并不一定是必要条件[③]。在凯瑟琳·艾森哈特和杰弗里·马丁研究基础上，谢克·匝若等分析了创业行为与动态能力的关系，提出了以下命题：在动态

---

① Li-yu Wu, "Entrepreneurial Resources, Dynamic Capabilities and Start-Up Performance of Taiwan's High-Tech Firms", *Journal of Business Research*, Vol. 60, No. 5, 2007.

② Richard J. Arend, "Entrepreneurship and Dynamic Capabilities: How Firm Age and Size Affect the 'Capability Enhancement – SME Performance' Relationship", *Small Business Economics*, Vol. 42, No. 1, 2014.

③ Kathleen M. Eisenhardt and Jeffrey A. Martin, "Dynamic Capabilities: What Are They?", *Strategic Management Journal*, Vol. 21, No. 10 – 11, 2000.

环境中，企业有从动态能力（通过常规能力和组织知识）中获取更大利益的潜力；常规能力表现是动态能力与企业业绩关系的中介变量；常规能力（或非直接的动态能力）对企业业绩的影响受到组织知识的调节。董保宝等构建了资源整合过程、动态能力与企业竞争优势理论模型，研究显示动态能力在企业外部资源识取与竞争优势的关系中起到了完全中介作用，在资源配置与竞争优势关系中起到了部分中介作用①。国内学者马鸿佳等对新创企业创业能力、动态能力与竞争优势间关系进行了研究，实证分析结果显示创业能力、动态能力均与竞争优势呈正相关关系，但在考虑企业成立年限时，新创企业成立年限低于6年时，创业能力与竞争优势间呈正相关关系，6年以上时则为动态能力。这一结果也凸显了动态能力对于新创企业竞争优势获取与保持的重要性②。

另一方面，一些学者对动态能力影响因素进行分析，探索了创业导向、创业能力与动态能力之间的关系。创业能力是企业识别机会，通过获取资源开发机会的能力，对于新创企业的初期成长至关重要。而动态能力为新创企业通过学习、整合并重构资源以适应不断变化的外部环境并维持竞争优势提供了保障，两者在企业发展的不同阶段重要性有所差异。埃纳尔·利尔·麦森（Einar Lier Madsen）对创业导向与动态能力之间的关系开展了实证研究，通过使用挪威226家中小企业面板数据的分析，发现在控制行业和资源差异时，创业导向是不同维度动态能力的主要解释因素，指出创业行为可以创造并鼓励资源的新整合③。马吉德·阿拉曼德（Majid Ara-

---

① 董保宝、葛宝山、王侃：《资源整合过程、动态能力与竞争优势：机理与路径》，《管理世界》2011年第3期。

② 马鸿佳、董保宝、葛宝山：《创业能力、动态能力与企业竞争优势的关系研究》，《科学学研究》2014年第32期。

③ Einar Lier Madsen, "Entrepreneurship and Dynamic Capabilities—An Empirical Testing", *International Journal of Technology Intelligence & Planning*, Vol. 8, No. 4, 2012.

mand)和戴夫·瓦利埃(Dave Valliere)对以消费者需求和竞品变化为机会来源的新创企业开展了多案例研究,研究显示为了开发这些创业机会,需要企业具有创业能力,而为了取得长期竞争优势,则需要具备动态能力。研究结果表明创业能力与动态能力相互影响,互相强化,这种相互影响发生的越频繁,企业创业能力与动态能力越强[1]。与埃纳尔·利尔·麦森的研究结果不同,马吉德·阿拉曼德和戴夫·瓦利埃的研究追踪了动态能力与创业能力间的相互影响机理,为深入理解新创企业成长与发展提供了新的视角。单标安等以作为新兴经济体的中国为研究对象,对新创企业创业资源与组织能力(运营能力和动态能力)之间的关系进行了研究,结果显示资源整合能力对创业资源与组织能力之间的关系起到了中介作用[2]。

此外,董保宝和葛宝山(2012)对新创企业资源整合过程与动态能力关系进行了定量研究,结果显示资源获取、配置和利用对于新创企业动态能力构建与拓展有正向影响,而资源识别过程与动态能力不相关[3]。

四 现有研究存在的不足

通过对有关动态能力理论及其相关研究文献的回顾,我们不难发现20多年来学者们在动态能力领域开展广泛的研究,有关动态能力内涵、动态能力对企业业绩等方面的研究取得了丰硕的成果。

---

[1] Majid Aramand and Dave Valliere, "Dynamic Capabilities in Entrepreneurial Firms: A Case Study Approach", *Journal of International Entrepreneurship*, Vol. 10, No. 2, 2012.

[2] Biaoan Shan, Li Cai, Donald E. Hatfield, et al., "The Relationship Between Resources and Capabilities of New Ventures in Emerging Economies", *Information Technology & Management*, Vol. 15, No. 2, 2014.

[3] 董保宝、葛宝山:《新创企业资源整合过程与动态能力关系研究》,《科研管理》2012年第33期。

但目前关于动态能力,特别是新创企业动态能力研究还存在一些不足。

首先,动态能力理论研究需要进一步拓展与深化。一方面,可以考虑从认知维度进一步丰富动态能力的构念,关注不同维度的子构念,将"能力"视角与"过程"视角相统一,避免同义反复和过于具体;另一方面,深化有关动态能力"前因后果"研究,进一步挖掘动态能力形成机制、影响因素以及对企业成长、绩效以及竞争优势的影响机制。

其次,动态能力的研究情境还需要进一步扩展。中国转型经济情境下,特别是经济增长"新常态"情境下,对新创企业动态能力内涵及操作化的关注度不够。未来研究需要结合企业在面临经济发展"新常态"这一动态背景,企业动态能力内涵界定、维度划分、具体操作化等问题都需要给予关注。可以考虑重点挖掘转型经济背景下,制度环境对新创企业动态能力形成与提升机制,及其对企业绩效的影响机理。

最后,对动态能力的研究方法需要进行新的突破。在进一步完善、细化动态能力维度划分的基础上,学者们需要进一步完善动态能力的测量工具和方法,以真实捕捉并反映其内涵。同时,未来可以重点关注动态环境、动态能力与组织之间的演化进程与机理,剖析资源与能力间的相互影响机制。

第三节 创业行为相关研究

近30年来,创业研究的核心主题从对创业者个人特质的关注,逐步转移到对产生新创企业的创业行为上。创业者行为是理解创业者如何新创组织的关键建构。对创业行为的研究,可以深入创业具体过程,从而揭示新企业产生机理。创业行为研究是揭示创业过程黑箱和新企业产生机理的关键[1]。创业行为研究应该关注企业在创业活动中，特别是新企业创立和早期成长阶段中所采取的决策等行为。目前，学者们对创业行为的研究主要集中两个核心主题上：机会开发与资源。机会开发研究主要关注企业如何识别、评价和利用机会，而资源开发则主要关注企业如何构建资源组合开发创业机会。机会与资源间的密切关联决定了从机会资源一体化视角剖析创业行为的重要意义[2]。

一 创业行为内涵

通过对顶级创业期刊和管理期刊的文献回顾，芭芭拉·伯德（Barbara Bird）等发现创业行为概念并没有得到很好的界定[3]。G. 伦普金（G. T. Lumpkin）和格雷戈里·德斯（Gregory G. Dess）指出创业行为从本质上讲是一种新进入行为，是创业者对现有或新产品及市场的不同组合利用，创业导向具有自主性、创新性、风险承担性、先动性与竞争性等特征[4]。G. 伦普金和格雷戈里·德斯对这种新进入行为的界定实际上已经将创业行为区分为机会开发与资源开发两种行为。唐纳德·库拉特科（Donald F. Kuratko）等认为企业创业行为就是企业发现、评价和利用创业机会过程中

---

[1] 张玉利、赵都敏：《新企业生成过程中的创业行为特殊性与内在规律性探讨》，《外国经济与管理》2008年第30期。

[2] Barbara Bird, Leon J. Schjoedt and Robert Baum, "Entrepreneurs' Behavior: Elucidation and Measurement", *Entrepreneurship Theory and Practice*, Vol. 36, No. 5, 2012.

[3] Barbara Bird, Leon J. Schjoedt and Robert Baum, "Entrepreneurs' Behavior: Elucidation and Measurement", *Entrepreneurship Theory and Practice*, Vol. 36, No. 5, 2012.

[4] G. T. Lumpkin and Gregory G. Dess, "Enriching the Entrepreneurial Orientation Construct—A Reply to 'Entrepreneurial Orientation or Pioneer Advantage'", *Academy of Management Review*, Vol. 21, No. 3, 1996.

的行为集合①。杰弗里·麦克默伦和迪恩·谢泼德（Dean A. Shepherd）将创业行为定义为对具有不确定的潜在盈利机会的行为反映，主要包括创业决策、创业计划、创业激励与创业融资等②。芭芭拉·伯德等认为创业行为是指创业个体（或团队）为了创立新组织或使新组织成长而实施的具体任务或行为组合，这些行为和任务主要包括准备商业计划、寻找厂址、建立组织、雇佣员工、组件法人团体以及进入市场等③。

通过对上述有关创业行为概念的分析，我们发现学者们对于创业行为具体研究范畴因视角不同尚未达成统一，且呈现出高度碎片化发展趋势④。从学者们的研究取向上看，主要集中在以机会开发与资源开发为核心的两类创业行为。鉴于机会与资源的难以分割性，一些学者们也开始研究机会资源一体化创业行为。

学者们对创业行为的兴趣着眼点在于机会发现、新企业创立、发展以及早期成长等。焦点在于具体的、理论上可以观测到的，初创企业或企业早期成长阶段个体（创业者或创业团队的一部分）行为。这些行为是创业者特质、知识、技能、能力、认知、动机和情绪等所导致的相近结果。对创业行为开展研究主要是为了解释、预测、控制（形成和改变）个体或组织层面的行为，对于创业过程起到了调节作用。据此，有关创业行为研究应该注意以下三点：其

---

① Donald F. Kuratko, Jeffrey S. Hornsby and James W. Bishop, "Managers' Corporate Entrepreneurial Actions and Job Satisfaction", *International Entrepreneurship and Management Journal*, Vol. 1, No. 3, 2005.

② Jeffery S. McMullen and Dean A. Shepherd, "Entrepreneurial Action and the Role of Uncertainty in the Theory of the Entrepreneur", *Academy of Management Review*, Vol. 31, No. 1, 2006.

③ Barbara Bird, Leon J. Schjoedt and Robert Baum, "Entrepreneurs' Behavior: Elucidation and Measurement", *Entrepreneurship Theory and Practice*, Vol. 36, No. 5, 2012.

④ 王秀峰：《创业者行为研究文献综述——连接创业者个体因素与创业过程及结果》，《科学学与科学技术管理》2016年第37期。

一,从时间上而言应该主要关注新企业创立以及早期成长过程中的行为;其二,创业行为应该是可以被观察到的具体行为;其三,创业行为的研究应该局限在创业者个体以及创业团队部分成员个体。

对于创业者行为开展研究具有重要意义。一方面,对于创业者而言,创业行为研究发现可以使他们更好地形成或改变行为以取得更好的结果;另一方面,对于企业利益相关者,如投资者、地方政府等而言,这将使他们更好地对新创企业进行投资与服务,与创业者一道实现利益最大化。

二 基于机会视角的创业行为研究

机会是创业领域的核心概念,没有机会,也就没有创业。创业机会是创业实体发现或创造的创意与梦想[①]。长期以来,对机会开发行为的研究在创业领域一直占据核心位置。有关机会开发行为的研究可以划分为机会发现流派和机会创造流派[②]。机会发现和机会创造流派都强调创业的最终目的就是通过生产新产品或提供新服务以实现价值创造,但这两种流派对于机会来源却做出了不同的界定,即发现流派强调创业机会是外生的,而创造流派则强调机会是创业者主动创造出来的。

2003年,斯科特·沙恩(Scott Shane)出版《一般创业理论:个体与机会的联结》一书,从个体与机会联结视角概括了一般创业行为理论,这一研究模式被称为"创业的发现理论"。对于创业的定义,斯科特·沙恩认为研究创业行为就需要研究机会的发现、评

[①] Jeremy C. Short, David J. Ketchen, Christopher L. Shook, et al., "The Concept of 'Opportunity' in Entrepreneurship Research: Past Accomplishments and Future Challenges", *Journal of Management: Official Journal of the Southern Management Association*, Vol. 36, No. 1, 2010.

[②] Sharon A. Alvarez and Jay Barney, "Discovery and Creation: Alternative Theories of Entrepreneurial Action", *Strategic Entrepreneurship Journal*, Vol. 1, No. 1-2, 2007.

估与利用以及发现、评价和利用机会的创业者组合。机会开发强调机会的外部性，认为创业机会来自产品市场、要素市场以及新产品开发等，信息走廊与认知偏好会影响创业者对机会的识别，而机会本质、个体差异则会影响创业者的机会利用决策[1]。机会发现流派认为创业者在机会发现过程中扮演着被动的、反应的角色，机会与利用者之间是相互独立的[2]。

机会创造理论是解释创业行为与新产品或新服务产生关系的又一理论。同机会发现理论一样，在机会创造理论中，创业者创业的目的依旧是生产新产品或提供新服务，但创业机会的来源不再是由外生冲击对产业或市场的冲击所导致的，而是创业者在生产新产品或提供新服务的过程中内生创造的[3][4]。对于机会来源，创造理论认为机会并不一定由已有产业或市场演进而来，机会只存在于创业者创造它们的过程中。在创造理论中，创业者并没有开展发现行为，而是通过采取观察消费者和市场对其行为的反应予以创造。机会创造理论中的创业者，在创造机会之前与非创业者间可能并没有差别，但是机会的创造过程会将这种细微差异放大，并将这种差距扩大[5]。

学者们对于机会开发的研究主要从组织外部因素和内部因素对机会开发的作用展开。外部因素相关研究主要关注外部因素对机会

---

[1] Scott Shane, *A General Theory of Entrepreneurship*, The Individual-Opportunity Nexus, Massachusetts: Edward Elgar Publishing, 2003.

[2] Sharon A. Alvarez and Jay Barney, "Discovery and Creation: Alternative Theories of Entrepreneurial Action", *Strategic Entrepreneurship Journal*, Vol. 1, No. 1 – 2, 2007.

[3] Ted Baker and Reed E. Nelson, "Creating Something from Nothing: Resource Construction Through Entrepreneurial Bricolage", *Administrative Science Quarterly*, Vol. 50, No. 3, 2005.

[4] Wiliam B. Gartner, "A Conceptual Framework for Describing the Phenomenon of New Venture Creation", *Academy of Management Review*, Vol. 10, No. 4, 1985.

[5] Sharon A. Alvarez and Jay Barney, "Discovery and Creation: Alternative Theories of Entrepreneurial Action", *Strategic Entrepreneurship Journal*, Vol. 1, No. 1 – 2, 2007.

开发行为的影响。制度环境为企业提供了创业机会,进而影响新创企业的产生和发展。杰弗里·麦克默伦等[1]、拉奎尔·安托林·洛佩兹等[2]、韦斯利·西恩和布兰登·李等学者就制度环境对机会开发行为的影响展开了研究[3]。内部因素有关研究主要关注组织内部情况对机会开发行为的影响。组织规模、内部资源与创业者特征对机会开发的影响已经得到了学者们的关注[4][5]。

三 基于资源视角的创业行为研究

对于新创企业而言,资源开发是其利用机会的核心保障。资源开发是构建企业资源组合、整合资源以提升能力以及将能力进行利用,对商业机会进行开发,从而为客户及企业自身创造并保持价值的过程[6]。事实上,企业管理和战略管理的核心就是关于创造、评

---

[1] Jeffery S. Mcmullen, D. Ray Bagby and Leslie E. Palich, "Economic Freedom and the Motivation to Engage in Entrepreneurial Action", *Entrepreneurship Theory and Practice*, Vol. 32, No. 5, 2008.

[2] Raquel Antolín López, Jeffrey York and Javier Martinez-del-Rio, "Renewable Energy Emergence in the European Union: The Role of Entrepreneurs, Social Norms and Policy", *Frontiers of Entrepreneurship Research*, Vol. 33, No. 14, 2013.

[3] Wesley D. Sine and Brandon H. Lee, "Tilting at Windmills? The Environmental Movement and the Emergence of the US Wind Energy Sector", *Administrative Science Quarterly*, Vol. 54, No. 1, 2009.

[4] R. Duane Ireland, Jeffrey G. Covin and Donald F. Kuratko, "Conceptualizing Corporate Entrepreneurship Strategy", *Entrepreneurship Theory and Practice*, Vol. 33, No. 1, 2010.

[5] Arild Aspelund, Terje Berg-Utbyu and Rune Skjevdal, "Initial Resources' Influence on New Venture Survival: A Longitudinal Study of New Technology-Based Firms", *Technovation*, Vol. 25, No. 11, 2005.

[6] David G. Sirmon, Michael A. Hitt and R. Duane Ireland, "Managing Firm Resources in Dynamic Environments to Create Value: Looking inside the Black Box", *Academy of Management Review*, Vol. 32, No. 1, 2007.

估、操纵、管理和配置宝贵的专业资源组合[1]。企业的异质资源基础是其获取效率租金，取得竞争优势的来源与保证。对于新创企业而言，资源开发主要包括资源的识别、获取、整合与利用四个子行为[2]。资源识别是指创业者根据创业机会与愿景，对资源进行评估并细化需求与来源的行为。资源识别方面的研究主要关注人力资源、财务资源、技术资源、组织资源与社会资本等资源的识别及其对创业的影响[3]。资源获取是指企业根据资源需求利用初始资源获取创业所需资源的过程，企业资源获取渠道主要包括外部获取与内部吸收。目前，学者们对企业外部资源渠道与方式关注较多，取得了较多研究成果[4]。资源整合是指对资源进行合并，通过稳定、丰富与开拓等手段对现有能力进行提升、扩展并获取新的能力的过程。企业通过资源整合能够形成新的能力，促进机会利用与绩效提升[5]。资源利用是指通过对资源整合形成的能力进行调动、协调和配置，从而为客户创造价值并为自己创造财富的行为。资源利用的目的是实现机会利用，从而达成创业目的。资源利用有助于企业实现创业目标，促进企业业绩提升。

在以往基于资源视角对创业行为的研究过程中，学者们以资源基础观（RBV）为基础，研究新创企业如何围绕资源开发过程如何

---

[1] Steven A. Lippman and Richard P. Rumelt, "A Bargaining Perspective on Resource Advantage", *Strategic Management Journal*, Vol. 24, No. 11, 2003.

[2] 蔡莉、柳青：《新创企业资源整合过程模型》，《科学学与科学技术管理》2007 年第 28 期。

[3] Benyamin B. Lichtenstein and Candida Brush, "How Do 'Resource Bundles' Develop and Change in New Ventures? A Dynamic Model and Longitudinal Exploration", *Entrepreneurship: Theory and Practice*, Vol. 25, No. 3, 2001.

[4] Tom Elfring and Wiem Hulsink, "Entrepreneurs, Innovation and High-Technology Firms: The Network Effect", *The ICFAIAN Journal of Management Research*, Vol. 1, No. 5, 2002.

[5] 张险峰、葛宝山：《资源对公司创业行为的影响研究》，《对外经济贸易大学学报》（国际商务版）2011 年第 4 期。

有效地管理资源以获取竞争优势[1],认为稀缺的、难以模仿的异质性资源是企业可持续竞争优势的来源[2]。但是,资源基础观多以成熟企业为对象,对于处于新创阶段不具备资源优势的新创企业关注较少[3],对异质性资源构建、整合过程研究得也不够充分[4]。

四 机会资源一体化研究

学者们单独从机会视角和资源视角对创业行为展开的剖析,为深入了解创业机理,把握新创企业创立与初期成长提供了有益见解,但从机会或者资源单一视角开展的创业行为研究都会忽略两者之间的内在联系。创业活动是围绕着机会与资源展开的,机会是创业过程的核心,资源则为其提供基础保障[5]。成功的机会开发离不开资源的投入,机会开发和资源开发通常是同时进行的[6][7]。机会

---

[1] David G. Sirmon, Michael A. Hitt and R. Duane Ireland, "Managing Firm Resources in Dynamic Environments to Create Value: Looking inside the Black Box", *Academy of Management Review*, Vol. 32, No. 1, 2007.

[2] Michael Haynie, Dean A. Shepherd and Jeffery S. McMullen, "An Opportunity for Me? The Role of Resources in Opportunity Evaluation Decisions", *Journal of Management Studies*, Vol. 46, No. 3, 2009.

[3] Li Cai, Sergey Anokhin, Miaomiao Yin, et al., "Environment, Resource Integration, and New Ventures' Competitive Advantage in China", *Management and Organization Review*, Vol. 12, No. 2, 2016.

[4] Paul Steffens, Julienne M. Senyard and Ted Baker, "Linking Resource Acquisition and Development Processes to Resource-Based Advantage: Bricolage and the Resource-Based View" in Adelaide, *6th AGSE International Entrepreneurship Research Exchange*, 2009.

[5] Jeffry A. Timmons, *New Venture Creation: Entrepreneurship for the 21st Century*, New York: Irwin, 1999.

[6] Alexander Ardichvili, Richard Cardozo and Sourav Ray, "A Theory of Entrepreneurial Opportunity Identification and Development", *Journal of Business Venturing*, Vol. 18, No. 1, 2003.

[7] Ted Baker and Reed E. Nelson, "Creating Something from Nothing: Resource Construction Through Entrepreneurial Bricolage", *Administrative Science Quarterly*, Vol. 50, No. 3, 2005.

评价就是创业主体识别资源并对可获取性进行分析，而机会利用也离不开资源的获取和整合。

从系统论视角来看，机会与资源共处于创业过程中，二者之间必然会产生联系，机会与资源本身是难以割舍的，创业活动本身就是通过将机会与资源进行动态配置从而实现价值创造的过程。机会与资源间的紧密联系，使得从机会或者资源单一视角开展的创业行为研究都会忽略两者之间的内在联系，从而缺乏对创业过程的全面、系统把握。为此，一些学者开始从机会资源一体化视角开展创业行为研究。葛宝山等对机会与资源进行了整合，首次提出了机会资源一体化构念。按照创业准备、实施与成长进行层次划分，通过实证研究对系统层次性划分和体系构建进行了检验，最终形成了机会资源一体化研究主线与脉络[1]。高洋等提出机会资源一体化能力构念体系，将机会资源一体化行为构念体系与动态能力理论相融合，通过案例研究揭示了机会资源一体化能力衍生路径。蔡莉和鲁喜凤基于机会和资源整合视角，对转型经济背景下政府和市场不同作用下产生的"弱市场—强政府"和环境下的创业行为进行了分析[2]（如图2.3所示）。在"弱市场—强政府"环境下，政府对经济社会生活有着较多干预，要素市场不健全，创业活动受资源约束，存在资源驱动型与机会驱动型创业行为。而在"强市场—弱政府"环境下，政府对企业行为干预较少，要素市场较为完善，企业的创业行为表现为机会驱动型创业，企业机会资源一体化行为主要表现为机会识别、资源识别与机会评估、资源获取与整合以利用机会。构建机会资源一体化创业行为理论模型，通过案例研究描述了新创企业在不同成长阶段企业如何合理配置资源促进创业机会成功

---

[1] 葛宝山、高洋、蒋大可等：《机会—资源一体化开发行为研究》，《科研管理》2015年第36期。

[2] 蔡莉、鲁喜凤：《转型经济下资源驱动型与机会驱动型企业创业行为研究——基于机会与资源的整合视角》，《中山大学学报》（社会科学版）2016年第56期。

开发[①]。

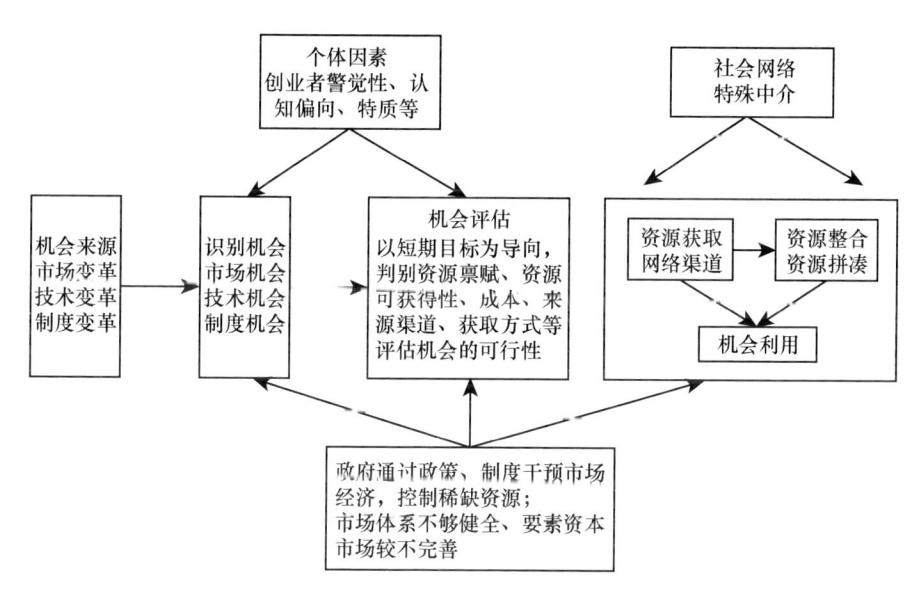

图2.3 "弱市场—强政府"下的机会驱动型创业行为

资料来源：蔡莉、鲁喜凤：《转型经济下资源驱动型与机会驱动型企业创业行为研究——基于机会与资源的整合视角》，《中山大学学报》（社会科学版）2016年第56期。

机会资源一体化概念的提出更加符合创业活动的实际，避免了原有机会开发或资源开发研究的片面性，从更加整合的视角对创业活动的本质进行了把握。这一构念的提出，使得关于创业行为的研究直指价值创造过程，提升了创业行为研究的针对性和可操作性。

五 现有研究存在的不足

创业行为研究已经成为创业管理研究的核心主题，具有重要的理论与现实价值。通过上述文献回顾，我们不难看出，关于创业行为的研究已经取得丰富的研究发现与成果，但也存在着很多不足，

[①] 王玲、蔡莉、彭秀青等：《机会—资源一体化创业行为的理论模型构建——基于国企背景的新能源汽车新企业的案例研究》，《科学学研究》2017年第35期。

需要在未来的研究中加以克服。

首先,现有研究呈现出高度的碎片化,对创业行为概念本身缺乏共识。学者们在研究过程中,多是根据个人的兴趣偏好开展研究,对行为变量的操作也缺乏统一性,研究成果较为分散,理论聚焦不足。导致这一结果出现的原因在于学者们对创业行为概念缺乏统一认同,所开展的研究缺乏集中度。在未来的研究中,学者们可以从机会资源一体化视角出发,将其作为研究框架,从机会与资源这两大企业创业核心要素整合视角出发,提炼并设计具有可操作性的创业行为研究框架。

其次,从研究方法上看多采用定量研究,质性研究方法使用较少。芭芭拉·伯德等对顶级管理和创业期刊自 2004—2010 年所刊发的有关创业行为的研究进行了详细梳理与回顾,发现在 91 篇文章中使用定量方法的多达 84 篇,而使用质性研究方法的仅有 7 篇。大多数定量研究都没有很好地处理测量的信度问题,这并不能完全反映创业行为全貌。相对于定量研究多使用截面数据,以纵向案例研究的质性研究方法则可以在更长的时间段内揭示创业者的创业行为,学者们在后续研究中可以尝试探索。

最后,对创业行为测量方法需要进一步提升与完善。目前,在有关创业行为定量研究中,对变量的测量多采用单项或双项题项求和,测试题目含义较为模糊,被测试者容易受到干扰。同时,大多数测量指标都是基于自我陈述的现有或过去行为,容易产生遗漏与偏差[1]。在未来的研究中,需要针对创业行为开发出高信效度的测试题项,将定量研究与质性研究相结合,以更加真实地反映创业行为本质特征。

---

[1] Sharon A. Alvarez and Jay Barney, "Discovery and Creation: Alternative Theories of Entrepreneurial Action", *Strategic Entrepreneurship Journal*, Vol. 1, No. 1 – 2, 2007.

第 三 章

理论框架构建与研究设计

本章首先基于新制度经济学以及动态能力理论视角，构建了制度环境、动态能力对企业创业行为影响研究理论框架。根据研究目的，本研究将采用单案例纵向案例研究法，并选择具有代表性的北汽新能源汽车有限公司作为案例研究对象，对制度环境动态演进、企业动态能力形成和提升以及所开展的创业活动进行深入访谈和跟踪梳理。在构念测试方面，本研究从"能力"与"过程"相融合视角对动态能力内涵进行了界定并形成了测量特征表述，从机会资源一体化视角形成创业行为测量特征表述，弥补原有研究存在的不足。为了更好地挖掘构念间作用机理，本研究将借鉴罗伯特·殷（Robert K. Yin）的案例研究证据分析策略，使用Nvivo11.0对一手资料和二手资料进行编码处理，并以此为基础对构念间关系进行理论化概述、归纳，形成理论建构。

第一节 理论框架构建

一 制度理论视角的选择

制度是人为设计的用以建构人们相互关系的一些制约，可以降低环境不确定性，减少了交易费用，从而为社会提供了激励机制，与组织活动密切相关,通过影响企业创业活动的相对报酬,可以决定资源在生产性与非生产性创业活动间的分配,进而影响企业的创业行为[1][2]。基于此,制度理论通过将制度与组织相连接,非常适合针对复杂系统的组织行为进行研究,为创业管理研究提供了坚实的理论基础。制度环境作为新创企业重要的外部环境组成部分,在对其创业行为产生影响的同时,也会对动态能力起到驱动作用。

学者们基于制度理论在经济学、社会学以及政治学领域开展了大量研究,但正如加里·布鲁顿所指出的学者们在利用制度理论开展研究时通常没有对其对制度定义所采取的取向进行说明[3],使得学者们所开展研究的理论基点存在差异,研究结果的适用性受到很大影响。聚焦到中国新能源汽车产业发展历程上,我们可以发现为了促进新能源汽车产业发展,中国中央和地方政府出台了大量法律、法规、规范等,以刺激产、学、研等不同利益相关者进入该领域,对这一产业中的创业行为起到了引领与促进作用。同时,国内外学者们基于制度理论在创业领域开展了一系列研究[4][5][6],上述宏

---

[1] David Ahlstrom and Garry D. Bruton, "An Institutional Perspective on the Role of Culture in Shaping Strategic Actions by Technology Focused Entrepreneurial Firms in China", *Entrepreneurship Theory and Practice*, Vol. 26, No. 4, 2002.

[2] Maria Minniti, "The Role of Government Policy on Entrepreneurial Activity: Productive, Unproductive, or Destructive?", *Entrepreneurship Theory and Practice*, Vol. 32. No. 5, 2008.

[3] Garry D. Bruton, David Ahlstrom and Han-lin Li, "Institutional Theory and Entrepreneurship: Where Are We Now and Where Do We Need to Move in the Future?", *Entrepreneurship Theory and Practice*, Vol. 34, No. 3, 2010.

[4] Ruta Aidis, Saul Estrin and Tomasz Mickiewicz, "Institutions and Entrepreneurship Development in Russia: A Comparative Perspective", *Journal of Business Venturing*, Vol. 23, No. 6, 2008.

[5] Jeffery S. Mcmullen, D. Ray Bagby and Leslie E. Palich, "Economic Freedom and the Motivation to Engage in Entrepreneurial Action", *Entrepreneurship Theory and Practice*, Vol. 32, No. 5, 2008.

[6] 徐二明、肖坚石:《中国企业制度创业战略选择探析》,《科学学与科学技术管理》2016年第37期。

观制度环境对新创企业微观创业行为影响研究不但提供了方法上的借鉴,而且针对现有研究存在的不足,亟需在开展企业层面、特殊产业情境下的研究。

考虑到新能源汽车产业制度环境的构成主要以正式制度为主,为了避免加里·布鲁顿所指出的现有利用制度理论开展创业研究没有明确制度流派的现状①,本研究将采取新制度经济学视角,主要基于政治规则、经济规则与契约等正式制度,从正式制度角度对中国新能源汽车产业制度环境及其演进开展研究。

二 动态能力理论内涵的选择

动态能力理论对资源基础观进行了拓展,为企业在复杂多变的外部动态环境下获取并保持竞争优势提供了理论解释。动态能力理论可以用来研究和解释企业如何在动态变化的环境中获得竞争优势和经济租金,是对资源基础观的进一步发展与延伸。动态能力是企业为适应快速变化的外部环境,整合、构建并重构资源与能力的能力,属于企业高阶能力范畴。除了上述从能力视角对动态能力概念进行界定外,以凯瑟琳·艾森哈特和杰弗里·马丁②、凯瑟琳·王和佩尔瓦兹·艾哈迈德为代表的学者从过程视角对其内涵进行了解释③。他们更倾向将动态能力视为一组公司具体的、可以辨别的流程或行为模式,嵌入组织和管理流程中,是可以通过学习获取、可重复地建立在企业常规能力基础上的高阶能力。虽然学者们对动态

---

① Garry D. Bruton, David Ahlstrom and Han-lin Li, "Institutional Theory and Entrepreneurship: Where Are We Now and Where Do We Need to Move in the Future?", *Entrepreneurship Theory and Practice*, Vol. 34, No. 3, 2010.

② Kathleen M. Eisenhardt and Jeffrey A. Martin, "Dynamic Capabilities: What Are They?", *Strategic Management Journal*, Vol. 21, No. 10 – 11, 2000.

③ Richard J. Arend, "Entrepreneurship and Dynamic Capabilities: How Firm Age and Size Affect the 'Capability Enhancement – SME Performance' Relationship", *Small Business Economics*, Vol. 42, No. 1, 2014.

能力内涵认识的视角存在差异,但动态能力对企业竞争优势的获取及保持的作用则体现在学者们的研究成果中。

动态能力对于新创企业竞争优势获取以及业绩提升具有很强的解释能力。企业通过资源的重新部署以创造并适应机会所展现的动态能力恰恰也是创业行为的核心[1],这正是动态能力理论与创业研究的交集所在。新创企业动态能力问题也得到了越来越多学者的关注,埃纳尔·利尔·麦森、马吉德·阿拉曼德和戴夫·瓦利埃、理查德·阿伦德、马鸿佳等开展了一系列研究,新创企业动态能力对企业竞争优势取得的影响在一定程度上得到了挖掘。通过这些研究可以看出,在动态变化的环境中,企业有从动态能力中获取更大利益的潜力[2],动态能力可以提高机会识别与机会开发能力[3],为维持竞争优势提供保障[4]。

制度环境构成了新创企业重要的外部环境,而动态能力则是企业为了适应这种不断变化的外部环境、进行机会开发与利用并形成竞争优势的保证。基于此,为了解释制度环境及其动态演进对中国新能源汽车企业创业行为的影响,非常有必要引入动态能力理论。同时,还可以对动态能力构念进行进一步扩展,挖掘动态能力形成机理及其对新创企业成长、绩效提升以及竞争优势获取等方面的影响。

---

[1] Richard J. Arend, "Entrepreneurship and Dynamic Capabilities: How Firm Age and Size Affect the 'Capability Enhancement—SME Performance' Relationship", *Small Business Economics*, Vol. 42, No. 1, 2014.

[2] Shaker A. Zahra, Harry J. Sapienza and Per Davidsson, "Entrepreneurship and Dynamic Capabilities: A Review, Model and Research Agenda", *Journal of Management Studies*, Vol. 43, No. 4, 2006.

[3] Majid Aramand and Dave Valliere, "Dynamic Capabilities in Entrepreneurial Firms: A Case Study Approach", *Journal of International Entrepreneurship*, Vol. 10, No. 2, 2012.

[4] 马鸿佳、董保宝、葛宝山:《创业能力、动态能力与企业竞争优势的关系研究》,《科学学研究》2014年第32期。

三 本研究理论框架的构建

通过上述分析，我们不难发现制度环境理论及其动态能力理论在创业管理领域所展现出的强大的理论解释能力，同时也发现了两种理论在管理学，特别是创业管理方面存在的不足。新能源汽车产业作为战略性新兴产业，为了促使该产业实现良性发展，中国政府出台了大量的制度安排，而一些企业也纷纷加入该产业的创业活动。在这一具体实践情境下，将两种理论进行结合开展研究，为研究中国新能源汽车企业创业问题将提供重要的理论支撑，同时也将为制度理论、动态能力理论提供新的研究情境，深化研究深度。

具体而言，制度环境的动态演进构成了企业创业活动的外部环境，动态能力则是企业为了适应动态变化的外部环境并获取竞争优势的保证，企业外部制度环境与内部动态能力共同对其创业行为产生影响，制度环境、动态能力与企业创业行为共同演化。但对于新创企业而言，制度环境与动态能力这两种内外部因素对其创业行为的影响机理缺乏整合性探讨，这也是开展本研究的出发点与重要研究内容。

为此，本研究基于制度理论和动态能力理论，从创业者视角构建了制度环境、动态能力对企业创业行为影响理论分析框架（见图3.1）。在该框架中，制度环境构成了新创企业的外部环境，对新创企业创业行为会产生直接影响；而动态能力则是新创企业为适应外部环境并取得竞争优势的高阶能力，受制度环境的影响，同样也会对企业创业行为产生影响。这一框架将制度理论与动态能力理论进行整合，从内、外两个视角来审视制度环境演进以及动态能力对企业创业行为的影响机理，预计可以为制度理论、动态能力理论在创业管理领域的研究提供新的见解。

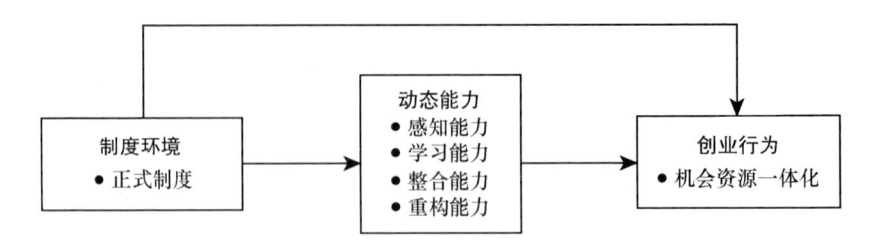

图 3.1　本研究的理论分析框架

第二节　研究设计

一　研究方法和案例研究对象选择

（一）研究方法选择

案例研究是社会科学研究中重要的研究方法，与调查法、实验法、定量分析等方法一道构成了社会科学研究方法体系。案例研究涵盖了社区、公共卫生、公共政策、社会问题等多种主题，并且发挥了重要作用[①]。质性和案例研究在国内外管理学界也越来越得到重视，凯瑟琳·艾森哈特指出使用案例分析方法所做的经典文章引用次数已经超过 28000 次，《管理学会杂志》（*Academy of Management Journal*）所发论文中采取质性或案例研究方法比重已经由 1992 年的 1/47 上升至接近 20%[②]。从近几年来国外发表论文情况看，使用质性或案例研究方法的趋势还在不断加强。社会科学的特点决定在研究过程中将人的因素抽象成为数字，使用严格的数理统计方法进行研究会有所缺失，而质性研究可以更好地追踪由

---

①　Robert K. Yin, *Case Study Research: Design and Methods*, California: SAGE Publications, 2009.

②　李高勇、毛基业：《案例选择与研究策略——中国企业管理案例与质性研究论坛（2014）综述》，《管理世界》2015 年第 2 期。

于人的因素所带来的目的和意义[1]。在这种情况下,《管理学会杂志》等国际顶级管理学期刊的编辑们也开始呼吁开展更多的质性研究。

为了更好地把握制度环境、动态能力对企业创业行为的影响机理,本研究将采用纵向案例研究法对研究对象进行单案例深度纵向分析。作为质性研究方法,案例研究通过对研究对象质性资料的收集、整理与分析,可以帮助研究者更加深入地了解现象背后的原因和过程[2],而这种探索性案例研究有助于在事实基础上进行提炼、完善理论构念并归纳构念间逻辑关系[3],可以丰富现有理论,适用于回答"如何"问题。而个案研究可以对研究对象进行更加深入剖析,通过选用突出的、极端的案例,捕捉实践中出现的新现象,以更好地审视研究问题[4]。纵向研究可以对同一研究对象在两个或两个以上时间点的情况进行分析,可以对案例研究对象的发展情况进行动态跟踪并进行充分探讨。在具体研究中,苏珊娜·罗德里格斯和约翰·奇尔德[5]、莎伦·阿尔瓦雷斯等[6]、黄江明和赵宁[7]、许晖

---

[1] Maria Konnikova, "Humanities Aren't a Science. Stop Treating Them Like One", *Literally Psyched: Scientific American Blog Network*, Vol. 1, No. 1, 2013.

[2] Robert K. Yin, *Case Study Research: Design and Methods*, California: SAGE Publications, 2009.

[3] Kathleen M. Eisenhardt, "Building Theories from Case Study Research", *Academy of Management Review*, Vol. 14, No. 4, 1989.

[4] Andrew Pettigrew, "Longitudinal Field Research on Change: Theory and Practice", *Organization Science*, Vol. 1, No. 3, 1990.

[5] Suzana Rodrigues and John Child, "Co-Evolution in an Institutionalized Environment", *Journal of Management Studies*, Vol. 40, No. 8, 2003.

[6] Sharon A. Alvarez, Susan L. Young and Jennifer L. Woolley, "Opportunities and Institutions: A Co-Creation Story of the King Crab Industry", *Journal of Business Venturing*, Vol. 30, No. 1, 2015.

[7] 黄江明、赵宁:《资源与决策逻辑:北汽集团汽车技术追赶的路径演化研究》,《管理世界》2014年第9期。

等学者在研究外部环境与组织关系时都采用了案例研究方法①，并且取得了良好的研究效果。具体到本研究的研究内容上，本研究探讨的是制度环境、动态能力"如何"影响新能源汽车企业创业行为，并从时间维度上对这种影响机理进行纵向追踪，适合使用单案例纵向研究法。

为此，本研究将采用单案例纵向案例研究法，对制度环境动态演进、企业动态能力形成和提升以及所开展的创业活动进行深入访谈和跟踪梳理，从动态视角探索、挖掘制度环境、动态能力对新能源汽车企业创业行为的影响机理，进而更好地进行理论构建。

（二）研究对象选择

本研究所选择的代表性企业是北京新能源汽车股份有限公司（以下简称"北汽新能源"）。北汽新能源的母公司是成立于1958年的北汽集团，中国五大汽车集团之一（其他四个：一汽集团、东风汽车、上汽集团、长安汽车），在2016年《财富》500强中排名第160位。北汽新能源是由北汽集团发起并控股，联合北京国有资本管理中心等其他3家企业共同设立的新能源汽车产业发展平台。北汽新能源致力于构建新能源汽车技术研发、资源集约整合的高端产业发展平台，业务范围涵盖新能源汽车整车及零部件研发、生产、销售与售后服务，并于2016年5月取得了新能源汽车"准生证"（见表3.1）。这是自2015年7月10日我国《新建纯电动乘用车企业管理规定》正式实施后核准的首张新能源汽车"准生证"，业务领域涉及新能源汽车主要产业链，具有较强的行业代表性。

---

① 许晖、王琳、张阳：《国际新创企业创业知识溢出及知识整合机制研究——基于天士力国际公司海外员工成长及企业国际化案例》，《管理世界》2015年第6期。

表 3.1　　中国主要新能源乘用车生产企业自然情况

厂商	全称	资质获得时间	建厂地址	产能（辆）	产品型号	主要股东	占比（%）
北汽新能源	北京新能源汽车有限公司	2016年3月24日	北京大兴采育经济开发区、山东省青岛市莱西市姜山镇	70000	北汽EX200/EV系列/EU260	北汽集团	60.0
长江汽车	杭州长江乘用车有限公司	2016年5月5日	浙江余杭经济技术开发区	50000	长江逸酷eCool	五龙电动车	67.0
前途汽车	前途汽车（苏州）有限公司	2016年10月10日	江苏苏州高新区苏州科技城	50000	前途K50	长城华冠	100.0
奇瑞新能源	奇瑞新能源汽车技术有限公司	2016年11月3日	安徽芜湖高新技术开发区	85000	cQ/小蚂蚁/艾瑞泽5 EV	奇瑞汽车	68.2
敏安汽车	江苏敏安电动汽车有限公司	2016年11月21日	江苏淮安经济技术开发区	50000	敏安SUV/敏安跑车/敏安物流车	敏实集团	50.0
万向集团	万向集团公司	2016年12月12日	浙江萧山经济技术开发区	50000	Karma EREV/Karma EV/Atlantic EREV/Atlantic EV	万向集团	100.0
江铃新能源	江西江铃集团新能源有限公司	2016年12月23日	江西南昌经济开发区	50000	E100/E200/E300/E400	江铃汽车	43.0
重庆金康	重庆金康新能源汽车有限公司	2017年1月5日	重庆市两江新区鱼复工业园	50000	新能源系列MPV/SUV乘用车	重庆小康	100.0

续表

厂商	全称	资质获得时间	建厂地址	产能（辆）	产品型号	主要股东	占比（%）
国能新能源	国能新能源汽车有限公司	2017年1月25日	天津滨海高新技术产业开发区	50000	NEVS 9-3	NEVS	50.0
云度新能源	云度新能源汽车股份有限公司	2017年1月26日	福建省莆田市涵江区江口镇	65000	云度 A101/A301	福汽集团	39.0
知豆电动	兰州知豆电动汽车有限公司	2017年2月28日	甘肃省兰州市永登县中川镇	400000	D1/D2/D2S	新大洋机电	38.0
河南速达	河南速达电动汽车科技有限公司	2017年3月31日	三门峡市经济开发区东区	100000	速达纯电动轿车	速达交通节能科技	70.0
浙江合众	浙江合众新能源汽车有限公司	2017年4月19日	浙江省嘉兴市桐乡经济开发区	50000	MODELS	桐乡众合新能源汽车产业投资合伙企业	75.0
陆地方舟	广东陆地方舟新能源电动车辆有限公司	2017年5月11日	广东省佛山市高明区明城工业园	50000	智爵/风尚	深圳市陆地方舟新能源电动车集团	100.0

续表

厂商	全称	资质获得时间	建厂地址	产能（辆）	产品型号	主要股东	占比（%）
江淮大众	江淮大众汽车有限公司（暂定名）	2017年5月16日	安徽省合肥市经济技术开发区	100000		江淮汽车、大众中国	各50

资料来源：根据国家发展改革委有关纯电动乘用车建设项目核准批复整理。

相对于国内其他汽车企业而言，北汽集团进入新能源汽车领域相对较晚，但发展较快。在敏锐地感知到制度安排带来的市场机会后，北汽集团在成立之初就开始布局动力电池、电控系统等纯电动汽车核心零部件，率先掌握电池与整车匹配、电驱动及整车控制系统，逐步提升产品技术性能。在政策的支持下，北汽新能源纯电动汽车销售在私人市场取得了良好业绩（见图3.2）。2014年以来，一直稳居国内纯电动乘用车销量榜首。北汽新能源的发展历程反映了中国新能源汽车企业的创业过程。

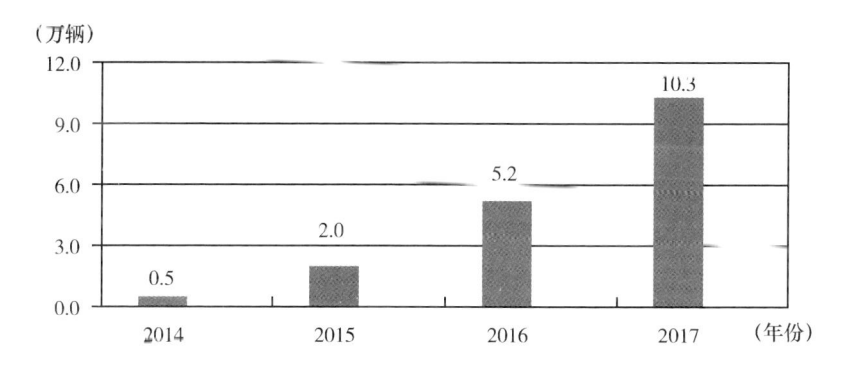

图 3.2 北汽新能源纯电动汽车销量（2014—2017 年）

资料来源：根据北汽新能源官网发布数据整理。

本研究之所以选择北汽新能源作为案例研究对象，主要是基于以下几点考虑。

（1）北汽新能源于 2009 年 11 月成立，是国内第一家专门从事新能源汽车相关业务的公司，其母公司北汽集团从 2007 年开始承担"十一五"863 计划节能与新能源汽车重大项目，且已将新能源汽车作为集团核心战略，在国内五大汽车集团中新能源汽车表现最为突出。2017 年公司实现整车销售 103199 辆，蝉联国内纯电动汽车销量桂冠。（2）从股权结构看，北汽新能源是由北汽集团发起成立并控股，北京市国有资本参股，与北京市政府关系密切，较强的政府关系使其创业行为更易受到政府以及制度环境影响，更有利于剖析具有经济与非经济目标双重导向的国有企业创业行为。（3）北汽新能源的创业活动是在国家和北京市不断出台新能源汽车制度推进产业化发展形势下开展的，其成立、发展与中国新能源汽车制度演进相伴随，可以真实体现中国新能源汽车产业制度演进历程对新能源汽车企业创业行为的影响。同时，其纯电动汽车销量处于领先地位，技术研发、产业布局、价值链创新等方面也都具有良好表现，在新能源汽车领域具有较高的典型性和代表性。（4）北汽新能源从公司成立之初，在研发、关键零部件生产、充电设施、销售渠道等领域开展了一系列资源整合、重构活动，具有显著的动态能力特征表现，并且对企业的创业活动产生了重要影响，与本研究的研究内容相契合。北汽新能源里程碑事件见表 3.2。

表 3.2　　　　　　　　　　北汽新能源里程碑事件

年份	重大事件
2009	北汽新能源、北京普莱德同日挂牌成立
2010	北汽大洋电机成立
2012	E150EV 出租车示范运营
2013	合资成立北京电控爱思开；试水私人市场
2014	成为美国 Atieva 第一股东；进行股份制改制；纯电动汽车销量位列全球第四

续表

年份	重大事件
2015	硅谷、德国亚琛研发中心成立；销量突破2万辆
2016	启动增资扩股工作；取得首张新能源汽车生产牌照；底特律、巴塞罗那、德累斯顿研发中心成立；销量突破5万辆

资料来源：根据北汽新能源网站信息整理。

不同于定量研究中的大样本随机抽样，案例研究所遵循的是理论抽样，即案例研究对象的选择是出于构建理论的需要，所选取的研究对象要充分体现研究问题的独特性，要适宜回答该研究问题。本研究在研究对象的选择过程中，充分考虑了案例研究对象的选择标准。同时，这一案例研究对象的选择也充分了地考虑了单案例研究对象的极端性和启发性[1][2]，可以更好地去观察和分析先前无法解释的科学现象，保证所得出的研究结论具有更强的解释性。为此，选择北汽新能源作为案例研究对象，充分挖掘其在中国新能源汽车产业制度环境演进下的创业活动，充分考虑了其行业代表性与极端性，可以保证案例研究结果的解释性。

二 数据收集

数据来源与数据质量将直接影响案例分析结论与理论构建。一般而言，深度访谈对象需要具有与访谈问题相匹配的资质与职位，对访谈问题有深度了解。同时，为了增强数据的丰富性并提高研究结论的信度，对同一问题应该向不同受访者以及信息渠道进行收

---

[1] Kathleen M. Eisenhardt, "Building Theories from Case Study Research", *Academy of Management Review*, Vol. 14, No. 4, 1989.

[2] Kathleen M. Eisenhardt and Melissa E. Graebner, "Theory Building from Cases: Opportunities and Challenges", *Academy of Management Journal*, Vol. 50, No. 1, 2007.

集，并进行相互印证。通过多样化的数据来源，研究者可以获取研究对象的多视角描述，对不同来源获取的资料进行"三角验证"，从而提高案例研究的信度和效度。

本研究所开展的案例研究主要需要有关新能源汽车产业制度环境与北汽新能源动态能力与创业行为等几方面数据。针对不同层面的数据，本研究严格遵循多样化数据来源准则，并且利用自身行业经验，综合采用半结构化访谈、非正式访谈与二手资料收集等多种方法，尽可能获取翔实信息，形成资料间的相互补充和交叉验证。

(一) 制度环境数据收集

笔者从2012年开始关注国内外新能源汽车制度环境及产业发展情况，前期已经有所积累。针对国内新能源汽车产业制度环境，本研究从以下几个方面进行数据收集。(1) 专家访谈。2016年7月，对全国乘用车联席会秘书长进行专家访谈，其对新能源汽车产业政策有着深入的认识和理解，访谈内容主要聚焦新能源汽车制度环境演进过程、关键制度及其解读。(2) 关注并收集万刚、欧阳明高业内权威专家以及各部委负责人等演讲、访谈及发言，跟踪制度安排的背景、目标及演进方向。(3) 查阅《新能源汽车蓝皮书》《中国汽车工业年鉴》，整理有关中央和地方新能源汽车制度安排信息，关注产业发展情况。(4) 重点关注"第一电动网""中国新能源汽车网"等专门网站有关产业政策栏目，形成国家及北京市（北汽新能源所在地）新能源汽车制度谱系。利用绘制的国家及北京市新能源汽车产业制度谱系，结合专家访谈与业内专家发言，笔者可能更加清晰地描绘中国新能源汽车产业制度环境的演进历程，更好地剖析其对企业动态能力以及创业行为的影响。

(二) 北汽新能源相关数据收集

单案例纵向研究需要对案例研究对象较长时间内情况进行收集。由于所开展的纵向案例研究需要大量企业历史信息，而我们又无法对原有高管进行访谈，在这种情况下，为避免因印象管理和回溯性释义带来的偏差，本研究在有关北汽新能源相关数据的获取上将采取半结构化访谈与二手数据相结合方式。（1）2016 年 7 月，在长春对北汽新能源中层管理者进行半结构化访谈，重点挖掘制度环境演进对企业创业行为影响及如何通过提高动态能力适应环境变化，并对二手资料进行补充和确认，访谈时间约为 2.5 小时。（2）利用中国知网数据库，收集公司自媒体和其他信息渠道公开发表的二手资料，具体包括公司网站、北汽股份年报、北汽集团网站，以及互联网、纸媒等有关企业基本信息与发展历程、战略规划、高管讲话、采访以及第三方视角报道，共收集二手资料157 项。（3）与整车厂、业内人士就北汽新能源发展情况进行沟通、交流，收集有关北汽新能源的分析报告。（4）在案例分析过程中，为了进一步挖掘和补充相关信息，笔者于 2016 年 9 月、2017 年 3 月，通过电话与邮件形式向两位北汽内部人士进行 3 次补充访谈，并就案例分析内容进行再次确认，每人每次时间约 1 小时。

以上四种数据收集方式相互补充，相互印证，可以较好地保证数据的信度。一方面，在二手数据收集过程中，可以收集到大量来自北汽集团与北汽新能源高层领导所发表的讲话、访谈内容，其相互间进行验证并构成证据链条，同一手访谈所收集的资料相对比，可以构成案例分析所需要的数据基础；另一方面，为了更好地跟踪北汽新能源的创业历程，笔者利用从业经验，与业内人士就北汽新能源发展情况可以进行实时沟通，获取第三方视角的认知与理解，便于更好地挖掘案例信息。此外，对于案例数据分析过程中所遇到的问题，对北汽新能源内容认识进行追访与确认，进一步保证数据的准确性。上述数据收集方式的综合使用，使得本研究案例数据收集的全面性、准确性得到了进一步保证。

三 构念测度

构念是理论涌现与理论模型构建的基础,是理论的基本元素与组成单元。对构念进行清晰界定并明确测量方式是开展案例研究的基础,而不精确构念还会影响知识的积累[1]。为了进行理论建构,在案例研究过程中必须对构念进行清晰的界定和测度,否则可能影响对组织现象的认识[2]。本研究所涉及的构念主要包括制度环境、动态能力与创业行为,为了便于对案例分析过程中所收集资料形成的概念化表述归纳到与研究目的相关的构念层面,本研究通过对相关理论与文献回顾,对所涉及构念的定义和测量方法进行了如下界定。

(一) 制度环境

制度理论是社会学、政治学与经济学开展有关研究的重要理论基础,也是这些社会学科的研究重点之一。随着新制度主义的兴起,制度分析范式在经济学、社会学和政治学领域分别形成了新制度经济学、新制度主义政治学与社会学的新制度主义等,但上述学科对制度的界定、假设有所不同,分析视角存在差异。由于将制度与组织进行了连接,因此制度理论非常适宜对复杂组织行为开展研究,并在管理学领域中得到了广泛应用[3],但学者们在开展研究过程中并没有对其所基于的是经济学、社会学抑或政治学进行明确界

---

[1] Chimezie A. B. Osigweh, "Concept Fallibility in Organizational Science", *Academy of Management Review*, Vol. 14, No. 4, 1989.

[2] 毛基业、李晓燕:《理论在案例研究中的作用——中国企业管理案例论坛(2009)综述与范文分析》,《管理世界》2010年第2期。

[3] 吴小节、彭韵妍、汪秀琼:《中国管理本土研究的现状评估与发展建议——以基于制度理论的学术论文为例》,《管理学报》2016年第13期。

定①，而这也将影响研究的结论。鉴于制度环境概念在不同学科间存在的差异，考虑到本研究将主要聚焦于中国新能源汽车产业正式制度安排，为此，本研究将从制度经济学视角对制度环境进行界定与研究。

制度是一个社会的游戏规则，是一些人为设计的、塑造人们相互关系的制约②。在对制度环境的测度上，本研究将主要关注新制度经济学所界定的正式制度，将主要从法律规章与政府政策等管制视角对制度环境展开分析。依据道格拉斯·诺斯对正式制度的界定，具体到中国新能源汽车产业制度环境，本研究将收集从2001年国家启动863计划电动汽车重大科技专项以来由国务院、中央部委等出台的有关新能源汽车产业发展的国家层面的法律、规章和政策。同时，考虑到北汽新能源位于北京市，其创业活动也受到地方政策制度环境影响，本研究也将重点收集、分析北京市所发布的有关新能源汽车产业相关制度。在对相关制度收集、整理的基础上，开展内容分析，具体研究制度安排出台的背景、政策工具构成与主要诉求等，力争真实反映中国新能源汽车产业制度环境演进历程。

（二）动态能力

学者们对动态能力内涵的不同解读也导致了动态能力维度划分的差异，在对这一构念进行操作时，所采取的维度划分方式与测量方法尚未达成一致。造成这种情况主要是因为目前学者们对动态能力概念的界定存在"能力"与"过程"两个视角，能力视角主要强调动态能力的能力属性，而过程视角则更加强调动态能力的组织

---

① Garry D. Bruton, David Ahlstrom and Han-lin Li, "Institutional Theory and Entrepreneurship: Where Are We Now and Where Do We Need to Move in the Future?", *Entrepreneurship Theory and Practice*, Vol. 34, No. 3, 2010.

② Douglass Cecil North, *Institutions, Institutional Change, and Economic Performance*, Cambridge: Cambridge University Press, 1990.

过程嵌入属性，认为其是组织的日常运行惯例与模式。为了更好地对这一构念进行界定与测量，本研究将这两种视角进行统一，将其视为嵌入组织流程中的高阶能力。

通过对学者们有关动态能力的操作化，可以发现对于动态能力的维度划分，学者们从不同的视角出发得出不同的见解，但资源整合与重构能力两个维度得到了学者们的一定认可[1][2]，多数学者在构念测量的过程中涵盖了这两个维度。在此基础上，学者们对动态能力维度进行了扩展，一些学者将学习能力和感知能力也纳入动态能力中来[3][4][5]，这也非常符合大卫·蒂斯等、凯瑟琳·艾森哈特和杰弗里·马丁等对动态能力概念的认识。为此，在对动态能力构念的测度中，本研究采纳凯瑟琳·王和佩尔瓦兹·艾哈迈德、王瀚轮等、保罗·帕夫和奥马尔·萨维、马鸿佳等学者们的观点，认为新创企业动态能力可以划分为感知能力、学习能力、整合能力与重构能力四个维度，以充分反映动态能力的"能力"与"过程"内涵。

为了更好地对感知能力、学习能力、整合能力与重构能力等动态能力的四个维度进行测量，笔者对学者们在具体操作化过程中所做出的特征表述进行了回顾与整理（见表3.3），以更好地把握和测量动态能力这一构念。

---

[1] David J. Teece, Gary P. Pisano and Amy Shuen, "Dynamic Capabilities and Strategic Management", *Strategic Management Journal*, Vol. 18, No. 7, 1997.

[2] Kathleen M. Eisenhardt and Jeffrey A. Martin, "Dynamic Capabilities: What Are They?", *Strategic Management Journal*, Vol. 21, No. 10 – 11, 2000.

[3] 马鸿佳、董保宝、葛宝山：《创业能力、动态能力与企业竞争优势的关系研究》，《科学学研究》2014年第32期。

[4] Catherine L. Wang and Pervaiz K. Ahmed, "Dynamic Capabilities: A Review and Research Agenda", *International Journal of Management Reviews*, Vol. 9, No. 1, 2007.

[5] Paul A. Pavlou and Omar A. El Sawy, "Understanding the Elusive Black Box of Dynamic Capabilities", *Decision Sciences*, Vol. 42, No. 1, 2011.

表3.3　　　　　　　　动态能力维度划分与构念测量

能力维度	定义	特征表达	来源
感知能力	在动态环境中对机会进行识别和评估的能力	收集市场信息：识别市场机会、客户需求，监控资源整合	保罗·帕夫和奥马尔·萨维[1]、大卫·蒂斯[2]
		传播市场信息：理解市场信息，发掘新的市场机会	
		反馈市场信息：制定市场方案并进入细分市场	
学习能力	利用新知识对现有运营能力进行更新的能力	知识获取：进行自我知识积累，向其他企业进行学习	谢克·匝若和杰拉德·乔治（Gerard George）[3]、大卫·蒂斯[4]、保罗·帕夫和奥马尔·萨维[5]
		知识消化：对获取的外部知识进行正确分析与解释	
		知识转化：对新旧知识进行内化，通过创新性问题解决与创造性思维进行知识转化	
		知识利用：将转化后的知识融入组织运行中，更新现有运营能力	

---

[1] Paul A. Pavlou and Omar A. El Sawy, "Understanding the Elusive Black Box of Dynamic Capabilities", *Decision Sciences*, Vol. 42, No. 1, 2011.

[2] David J. Teece, "Dynamic Capabilities: Routines Versus Entrepreneurial Action", *Journal of Management Studies*, Vol. 49, No. 8, 2012.

[3] Shaker A. Zahra and Gerard George, "Absorptive Capacity: A Review, Reconceptualization, and Extension", *Academy of Management Review*, Vol. 27, No. 2, 2002.

[4] David J. Teece, Gary P. Pisano and Amy Shuen, "Dynamic Capabilities and Strategic Management", *Strategic Management Journal*, Vol. 18, No. 7, 1997.

[5] Paul A. Pavlou and Omar A. El Sawy, "Understanding the Elusive Black Box of Dynamic Capabilities", *Decision Sciences*, Vol. 42, No. 1, 2011.

续表

能力维度	定义	特征表达	来源
整合能力	对组织内外部有形、无形资源以及能力进行整合的能力	外部整合：从外部获取资源，对组织外部资本、技术、产能、研发等资源进行吸收与重组	大卫·蒂斯[④]、凯瑟琳·艾森哈特和杰弗里·马丁[①]、康斯坦丝·赫尔夫[②]
		内部整合：整合利用企业内部资金、技术、设备、专利、流程、人力资本等资源与能力	
		知识整合：将组织内外部的专业知识进行整合	
重构能力	对现有资源、能力进行重新配置的能力	资源修补：对原有资源、能力进行剥离、修正与补充	大卫·蒂斯[④]、凯瑟琳·艾森哈特和杰弗里·马丁[⑥]、康斯坦丝·赫尔夫[⑦]
		资源调配：对资源、能力进行重新配置，形成新的资源与能力基础	

（三）创业行为

对于创业行为这一构念，学者们并没有很好地进行界定[③]。对于这一构念认识的不同导致学者们对创业行为所开展的研究内容也不尽相同，但对创业行为的研究确实揭示创业过程和新企业产生的关键[④]。创业行为是针对不确定性潜在机会的具体反应，包括为了实现创业目的而采取的创业决策、创业计划及创业融资

---

① Kathleen M. Eisenhardt and Jeffrey A. Martin, "Dynamic Capabilities: What Are They?", *Strategic Management Journal*, Vol. 21, No. 10 – 11, 2000.

② Constance E. Helfat, Sydeny Finkelstein, Will Mitchell, et al., "Dynamic Capabilities: Understanding Strategic Change in Organizations", *Academy of Management Review*, Vol. 30, No. 1, 2007.

③ Barbara Bird, Leon Schjoedt and J. Robert Baum, "Entrepreneurs' Behavior: Elucidation and Measurement", *Entrepreneurship Theory and Practice*, Vol. 36, No. 5, 2012.

④ 张玉利、赵都敏：《新企业生成过程中的创业行为特殊性与内在规律性探讨》，《外国经济与管理》2008年第30期。

在内的一系列行为①，其本质是包括将新产品/服务或现有产品/服务提供给新市场或现有市场的新进入行为②。学者们对创业行为的具体研究范畴并没有统一，且发展方向呈现碎片化趋势③，但机会开发行为与资源开发行为是学者们研究创业行为的焦点。长期以来，创业机会的识别与开发行为在创业行为研究领域一直处于主导地位④。2003年，沙内提出"创业的发现理论"，指出创业行为研究需要研究机会的发现、评估与利用。机会创造理论是解释创业行为的另一种理论。机会创造理论更加强调机会的内生性，创业者的创业行为才是创业机会的根本来源。与机会相对应，资源是新创企业利用机会的重要保障，资源开发是企业创造价值的过程⑤。

与此相对应，学者们对创业行为的研究也多从机会开发或资源开发视角展开。创业行为从本质上来讲是一种新进入行为⑥，是创业者基于创业意向和创业机会，为实现创业目的而采取的一系列行为。从机会视角开展的创业行为研究主要分析组织内外部因素对机会开

---

① Jeffery S. McMullen and Dean A. Shepherd, "Entrepreneurial Action and the Role of Uncertainty in the Theory of the Entrepreneur", *Academy of Management Review*, Vol. 31, No. 1, 2006.

② G. T. Lumpkin and Gregory G. Dess, "Enriching the Entrepreneurial Orientation Construct—A Reply to 'Entrepreneurial Orientation or Pioneer Advantage'", *Academy of Management Review*, Vol. 21, No. 3, 1996.

③ 王秀峰：《创业者行为研究文献综述——连接创业者个体因素与创业过程及结果》，《科学学与科学技术管理》2016年第37期。

④ 唐鹏程、朱方明：《创业机会的发现与创造——两种创业行为理论比较分析》，《外国经济与管理》2009年第31期。

⑤ David G. Sirmon, Michael A. Hitt and R. Duane Ireland, "Managing Firm Resources in Dynamic Environments to Create Value: Looking inside the Black Box", *Academy of Management Review*, Vol. 32, No. 1, 2007.

⑥ G. T. Lumpkin and Gregory G. Dess, "Enriching the Entrepreneurial Orientation Construct-A Reply to 'Entrepreneurial Orientation or Pioneer Advantage'", *Academy of Management Review*, Vol. 21, No. 3, 1996.

发的影响[1][2]，其中制度环境对新创企业机会开发行为的影响也是学者们关注的重点[3][4]。而从资源视角开展的研究则将资源视为企业创业成功的本源，更加注重分析资源对企业创建和成长的影响，着重研究新创企业资源识别、资源获取、资源整合与资源利用等具体行为。

然而，在企业具体创业过程中，机会和资源作为创业活动两个关键要素确是难以割舍的，机会与资源有效互动是成功创业的关键[5][6]。机会开发与资源开发密不可分，相互之间动态影响，需要从整合的、系统的视角进行分析。在这种情况下，葛宝山、蔡莉等学者提出从机会资源一体化视角开展创业行为研究。葛宝山等在整合机会开发与资源开发的基础上提出了机会资源化构念，并提出了研究的主线与脉络[7]。蔡莉和鲁喜凤基于机会和资源整合的视角对转型经济背景下的创业行为进行了分析[8]。在借鉴蔡莉、葛宝山等学者有

---

[1] Scott Shane and Sankaran Venkataraman, "The Promise of Entrepreneurship as a Field of Research", *Academy of Management Review*, Vol. 25, No. 1, 2000.

[2] G. T. Lumpkin and Benyamin B. Lichtenstein, "The Role of Organizational Learning in the Opportunity - Recognition Process", *Entrepreneurship Theory and Practice*, Vol. 29, No. 4, 2005.

[3] Jeffery S. Mcmullen, D. Ray Bagby and Leslie E. Palich, "Economic Freedom and the Motivation to Engage in Entrepreneurial Action", *Entrepreneurship Theory and Practice*, Vol. 32, No. 5, 2008.

[4] Raquel Antolín López, Jeffrey G. York and Javier Martínez-del-Río, "Entrepreneurial Cultural Work and Social Norms Driving Emerging Sectors: Renewable Energy in the EU", *Academy of Management Annual Meeting Proceedings*, Vol. 2013, No. 1, 2013.

[5] Jeffry A. Timmons, *New Venture Creation: Entrepreneurship for the 21st Century*, New York: Irwin, 1999.

[6] 蔡莉、单标安：《中国情境下的创业研究：回顾与展望》，《管理世界》2013年第12期。

[7] 葛宝山、高洋、蒋大可等：《机会—资源一体化开发行为研究》，《科研管理》2015年第36期。

[8] 蔡莉、鲁喜凤：《转型经济下资源驱动型与机会驱动型企业创业行为研究——基于机会与资源的整合视角》，《中山大学学报》（社会科学版）2016年第56期。

关机会资源一体化观点的基础上,本研究从机会与资源整合视角对创业行为构念开展测量,将创业行为构念划分为机会识别、资源获取、资源整合与机会利用等维度,避免单独从机会开发或资源开发视角研究企业创业行为的局限性。本研究对创业行为构念的维度划分与具体特征表述见表3.4。

表 3.4　　　　　　　　创业行为构念测量

维度	定义	特征表达	来源
机会识评	对创业机会进行识别与评估	机会识别:基于先验知识与认知能力识别创业机会	斯科特·沙恩和桑卡兰·文卡塔拉曼(Sankaran Venkataraman)[1]、迈克尔·海妮等[2]、蔡莉和鲁喜凤[3]
		机会评估:评价机会的价值、成本与风险,识别与其相匹配的资源,决定是否利用该机会	
资源获取	利用自身初始资源获取所需资源的过程	外购:从外部要素市场获取	大卫·西蒙(David G. Sirmon)等[4]、柳青和蔡莉[5]
		吸收:以创业愿景和预期回报吸引资源主体参与创业	
		积累:提升现有资源质量,获取无法从外部获取的特殊资源	

[1] Scott Shane and Sankaran Venkataraman, "The Promise of Entrepreneurship as a Field of Research", *Academy of Management Review*, Vol. 25, No. 1, 2000.

[2] Michael Haynie, Dean A. Shepherd and Jeffery S. McMullen, "An Opportunity for Me? The Role of Resources in Opportunity Evaluation Decisions", *Journal of Management Studies*, Vol. 46, No. 3, 2009.

[3] 蔡莉、鲁喜凤:《转型经济下资源驱动型与机会驱动型企业创业行为研究——基于机会与资源的整合视角》,《中山大学学报》(社会科学版)2016年第56期。

[4] David G. Sirmon, Michael A. Hitt and R. Duane Ireland, "Managing Firm Resources in Dynamic Environments to Create Value: Looking inside the Black Box", *Academy of Management Review*, Vol. 32, No. 1, 2007.

[5] 柳青、蔡莉:《新企业资源开发过程研究回顾与框架构建》,《外国经济与管理》2010年第2期。

续表

维度	定义	特征表达	来源
资源整合	对资源进行配置以构造或提高能力的过程	稳定调整：对现有能力进行渐进式提升	大卫·西蒙[1]、柳青和蔡莉[2]
		丰富细化：通过学习新技能或增加互补性资源丰富资源	
		开拓创造：通过探索性学习将全新资源进行整合到现有资源组合中	
机会利用	利用资源与能力对机会加以利用	将企业资源与能力调配到机会开发上，为客户提供新的产品与服务，实现机会价值	亚历山大·阿迪奇维利（Alexander Ardichvili）等[3]、斯科特·沙恩和桑卡兰·文卡塔拉曼[4]

四 数据分析

案例数据分析亦即证据分析，主要包括对所收集来的资料、数据进行归类、列表、检验或合并证据，以根据实证依据得出研究结论。但由于有关案例研究的方法和手段仍没有程式化，对证据进行分析的难度较大。罗伯特·殷指出在开展案例研究过程中进行证据分析的四种基本策略，分别是以理论框架或假设为基础、进行案例

---

[1] David G. Sirmon, Michael A. Hitt and R. Duane Ireland, "Managing Firm Resources in Dynamic Environments to Create Value: Looking inside the Black Box", *Academy of Management Review*, Vol. 32, No. 1, 2007.

[2] 柳青、蔡莉：《新企业资源开发过程研究回顾与框架构建》，《外国经济与管理》2010年第2期。

[3] Alexander Ardichvili, Richard Cardozo and Sourav Ray, "A Theory of Entrepreneurial Opportunity Identification and Development", *Journal of Business Venturing*, Vol. 18, No. 1, 2003.

[4] Scott Shane and Sankaran Venkataraman, "The Promise of Entrepreneurship as a Field of Research", *Academy of Management Review*, Vol. 25, No. 1, 2000.

描述、结合量化资料和质性资料进行竞争性解释①。本研究在案例分析过程中将以这一案例证据分析策略为基础，针对不同层面数据，有针对性地采取了不同方法。

首先，针对中国新能源汽车产业制度环境及其演进历程的数据开展文本分析。对于中国新能源汽车产业制度环境数据，在数据收集过程中在重点收集由国务院及各部委、北京市政府及相关部门发布的有关新能源汽车制度的基础上，对所收集到全国和北京两级制度首先按时间序列进行排序。针对每一项具体制度安排开展文本分析，具体分析政策出台的背景、政策工具构成以及作用时间与范围，形成新能源汽车制度环境演进历程。详细列明政策类型、制定者、实施对象，并经过文本分析后形成制度内容概要。接下来，以时间和制度维度划分标准形成全国和北京新能源汽车制度谱系，结合专家访谈结果，对制度演进过程进行文本描述，以更好地理解中国新能源汽车产业制度环境演进历程。同时，重点分析北京新能源汽车制度环境演进相对于国家层面制度演进的时间与工具差异，在后续的分析过程中与北汽新能源在创业过程中所展示出的动态能力与创业行为数据进行匹配。

其次，使用 Nvivo 11.0 软件对所收集到的有关北汽新能源的一手资料和二手资料进行编码处理。Nvivo 软件是由 QSR International 开发的一款支持定性研究和混合研究方法的软件，用于对深度访谈、FG 小组讨论、文本以及音频、网络资料进行收集、整理和分析的质性分析软件。本研究将使用 Nvivo 11.0 软件对收集到资料进行分析编码，从资料获取数据②。为了保证数据分析过程的信度，本研究由两组编码者进行背对背式编码。在开始正式编码之前，两

---

① Robert K. Yin, *Case Study Research: Design and Methods*, California: SAGE Publications, 2009.
② Matthew B. Miles、Michael A. Huberman：《质性资料的分析：方法与实践》，重庆大学出版社 2008 年版。

组编码者召开小组会议，明确研究内容、研究方法及理论框架，对构念的测量方式进行充分沟通，进行预编码并进行结果比对，以使两小组均能达到较好的编码结果后开始独立编码。在具体编码过程中，根据构念维度测量标准，从海量质性材料中进行提取编码，并归纳到构念层面。编码结束后由两个小组对编码结果进行交叉检验，对于差异点进行反复讨论、共同确认，对差异点进行讨论达成一致后形成最终编码。

最后，对构念进行归纳总结，结合制度环境演进过程并补充相关产业数据，识别变量间的相互关系。本研究所采取的纵向案例研究，在形成构念编码的基础上，参考许庆瑞、莎伦·阿尔瓦雷斯等开展纵向案例研究时的识别变量间关系的方法[1][2]，依据访谈结果、企业发展过程中关键事件与制度环境演进将企业发展历程进行阶段性划分，对于收集到的数据按阶段、时间顺序进行整理，对变量间相互影响以及作用关系在纵向与截面两个层面进行识别与跟踪，并进行迭代。以关键事件发展为主轴，对构念间关系进行理论化概述、归纳，形成理论建构。

---

[1] 许庆瑞、吴志岩、陈力田：《转型经济中企业自主创新能力演化路径及驱动因素分析——海尔集团1984—2013年的纵向案例研究》，《管理世界》2013年第4期。
[2] Sharon A. Alvarez, Susan L. Young and Jennifer L. Woolley, "Opportunities and Institutions: A Co-Creation Story of the King Crab Industry", *Journal of Business Venturing*, Vol. 30, No. 1, 2015.

第四章

中国新能源汽车产业制度环境及其演进

为了应对气候变化，减少化石能源消耗、降低有害气体排放，世界各主要国家非常重视发展新能源汽车产业，并将其作为汽车产业结构升级方向。中国政府从2001年启动863计划电动汽车重大科技专项开始出台了多项产业政策，并将新能源汽车产业列为重点产业，对新能源汽车产业重视程度不断提高。现有对中国新能源汽车产业制度环境研究缺乏对产业政策演进的追踪以及政策工具使用下产业发展情况的联动分析，对政策制定背景与成效的触及不够深入。为此，本研究将在梳理现有中国新能源汽车产业政策并进行历史演进分析基础上，将其与产业发展状况进行关联分析，从创业者制度分析视角切入，以产业生态系统为聚焦点，以更好地提高产业政策梳理的针对性和有效性。本章首先通过构建政策工具与产业生态系统两个维度构建产业政策分析框架，对中国新能源汽车产业政策演进及政策工具使用情况进行分析。其次，从市场规模、企业表现、核心零部件与基础设施等角度具体分析了产业政策对新能源汽车产业发展所产生的影响。最后，结合中国新能源汽车产业政策工具使用情况以及产业发展现状，提出相关政策建议，为后续开展案例研究提供基础。

第一节 中国进行新能源汽车制度安排背景

进入21世纪以来,为了应对能源和环境问题,实现汽车产业的可持续发展,中国高度重视新能源汽车产业发展,将其作为战略性新兴产业发展重点,推动自主品牌节能与新能源汽车同国际先进水平接轨,实现中国汽车工业转型升级。为了促进关键技术研发、提高消费者认可、完善相关基础设施,中国政府出台了一系列政策、措施,引领并促进企业开展相关创业活动。在此过程中,中国各地的地方政府也出台了相应的配套政策,对国家制度安排的落地起到了辅助作用,并形成了政策合力。

发展新能源汽车具有重要的战略意义。国际能源署(IEA)的统计数据显示,道路交通领域CO_2的排放量占世界燃料燃烧CO_2排放量的17.9%,为CO_2排放的重要来源[①]。在气候变化问题日益严峻的情况下,减少道路交通领域CO_2排放成为各国应对气候变化的工作重点。为了应对气候变化,减少化石能源消耗、降低有害气体排放,世界各主要国家纷纷将新能源汽车作为未来汽车产业结构升级与发展方向。特别是2008年国际金融危机爆发后,为了重振世界经济,世界各主要发达国家和新兴经济体纷纷出台产业规划与政策,促进人工智能、清洁能源、虚拟现实等高科技研发与产业化发展,谋求抢占未来产业竞争制高点,新能源汽车产业备受各国政府垂青,已经成为发达国家启动"再工业化"进程的重要产业。美

---

① International Energy Agency (IEA), "CO_2 Emissions from Fuel Combustion Highlights 2017", http://www.iea.org/publications/freepublications/publication/CO_2-emissions-from-fuel-combustion-highlights-2017.html.

国、德国、日本、法国、荷兰等国陆续出台了多项产业政策，促进新能源汽车的技术研发、基础设施建设与推广应用。发展新能源汽车涉及国家能源安全、节能减排、产业转型升级以及产业国际竞争力提升等多重因素，意义重大。

在上述背景下，作为中国支柱性产业的汽车产业，也面临着新的发展机遇与挑战。中国政府从 2001 年启动 863 计划电动汽车重大科技专项开始，截至 2017 年年底，在国家层面相继出台了近 130 项有关新能源汽车产业的产业规划与政策，先后将新能源汽车产业列入战略性新兴产业、中国制造 2025 十大重点产业进行培育。2014 年 5 月 24 日，习近平在视察上海汽车时指出："发展新能源汽车是中国从汽车大国迈向汽车强国的必由之路"，国家对新能源汽车产业的重视程度不断提高。在一系列产业政策的作用下，中国新能源汽车产业取得了长足发展。2017 年，中国汽车市场完成销量 2808 万辆，其中新能源汽车销量达到 126 万辆，所占比重达到 4.5%，同比增速高达 50.8%[1]，已经成为世界第一大新能源汽车市场。罗兰贝格（Roland Berger）发布的《全球电动汽车发展指数 2017 年第二季度》显示，中国首次在电动汽车发展指数排名中位列第一[2]。中国新能源汽车产业市场化进程已经全面启动，并进入快速发展期，市场规模在不断扩大，关键基础技术取得长足发展，相关零部件配套产业实力快速提升，商业模式不断丰富创新，产业化进程明显加速，但是与预期发展目标还是存在很大差距。

政府产业政策在中国经济发展中发挥着重要作用，推动了经济

---

[1] 中国汽车工业协会：《2018 年新能源汽车产销均超 125 万辆，同比增长 60%》，https：//www.d1ev.com/news/shuju/85937。

[2] Roland Berger：《全球电动汽车发展指数 2017 年第二季度》，https：//www.rolandberger.com/zh/Publications/pub_e_mobility_index_for_q2_2017.html。

的高速增长[①]。在新能源汽车产业的市场化进程中，由于存在市场失灵、系统失灵和演化失灵，产业政策的重要性更加凸显。产业政策促进了中国新能源汽车产业的快速发展，但也暴露出单纯依靠补贴刺激市场的弊端与后继乏力[②]。在这种产业发展现状下，需要对中国现有新能源汽车产业政策及其成效进行重新审视，通过产业政策优化促进产业发展并加速市场化进程。为此，本研究从新能源汽车实现市场化的视角出发，通过构建政策工具与产业生态系统这一分析框架，对中国新能源汽车产业政策演进历程、存在问题，在结合中国新能源汽车产业发展实际的基础上，提出相关政策优化路径。

第二节　中国新能源汽车制度安排相关研究

近年来，中国中央和地方政府为了促进新能源汽车产业发展，出台了大量产业政策，学者们对中国新能源汽车产业政策开展了一系列研究，重点考察了政策工具的使用情况。陈衍泰等基于"需求—供给"政策工具维度，对2009—2013年中央和地方出台的新能源汽车产业政策进行了文本分析，指出中央政府的政策工具主要包括"科技投入""平台建设"与"政府补贴"，地方政府在政策的出台上则紧跟中央[③]。李苏秀等认为中国已经构建起较为完善的新能源汽车产业发展政策体系，对新能源汽车研发、市场表现以及

[①] 林毅夫、刘培林：《自生能力和国企改革》，《经济研究》2001年第9期。

[②] 张国强、徐艳梅：《新能源汽车政策工具运用的国际镜鉴与引申》，《改革》2017年第3期。

[③] 陈衍泰、张露嘉、汪沁等：《基于二阶段的新能源汽车产业支持政策评价》，《科研管理》2013第S1期。

商业模式等起到了重要的引领作用,"去补贴化"有利于产业发展重回市场①。汪涛等以新能源汽车产业为例开展研究,认为战略性新兴产业各发展阶段"失灵"表现各不相同,政策干预的目标和工具也应随之调整,中国新能源汽车产业政策存在激励着力点偏差、政策作用对象不全面与政策出台缓慢等问题②。熊勇清和陈曼琳利用基尼系数分解法对中国汽车需求市场"供给侧"和"需求侧"政策效果进行了实证研究,结果表明,"供给侧"政策通过改善供给体系质量和效率,为市场发展提供驱动;而"需求侧"政策则通过刺激需求,为市场发展提供拉动③。王洛忠和张艺君通过构建内容维度、结构维度和过程维度在内的政策分析框架,对新能源汽车产业政策协同存在的问题和优化的路径进行了分析,认为产业政策目标需要由过度分散到适度协调,政策工具要实现结构性和功能性协同,政策过程要由各自执政到联合协同④。

一些学者还重点研究了新能源汽车相关产业政策效果,分析了其对新能源汽车产业发展所产生的影响。刘颖琦(Yingqi Liu)和阿里·科科布(Ari Kokkob)的研究认为市场力量并没有强大到可以促使新能源汽车替代传统能源汽车,中国新能源汽车产业政策的目标就是促进新能源汽车技术研发并降低消费者购买价格,国家对于参与者的控制及国内市场的分割是其与其他国家的差异点⑤。张

---

① 李苏秀、刘颖琦、王静宇等:《基于市场表现的中国新能源汽车产业发展政策剖析》,《中国人口·资源与环境》2016年第26期。

② 汪涛、赵国栋、王婧:《战略性新兴产业创新政策研究:以NEVI为例》,《科研管理》2016年第37期。

③ 熊勇清、陈曼琳:《新能源汽车需求市场培育的政策取向:供给侧抑或需求侧》,《中国人口·资源与环境》2016年第26期。

④ 王洛忠、张艺君:《中国新能源汽车产业政策协同问题研究——基于结构、过程与内容的三维框架》,《中国行政管理》2017年第3期。

⑤ Yingqi Liu and Ari Kokkob, "Who Does What in China's New Energy Vehicle Industry?", Energy Policy, Vol. 57, No. 21–29, 2013.

贤（Xian Zhang）等的实证研究结果表明，产品表现而不是财政补贴更加影响消费者对新能源汽车的接受，政府政策对于购买意向、时间与时间关系的调节作用并没有想象的高，因此公众仅仅将政府政策作为产品接受过程中的一个调节因素[1]。郝瀚（Han Hao）等对中国新能源汽车补贴政策及其对消费者购买成本影响进行了分析，认为从短期（2015年前）而言，补贴对于维持电动汽车价格优势非常重要，但考虑到新能源汽车的缺点，目前的补贴政策仍不足以启动新能源汽车市场[2]。

此外，一些学者对中国新能源汽车产业政策开展了国际比价研究。卢超等选取美、日等有代表性的发达国家以及包括中国在内的金砖国家，对新能源汽车产业政策开展了国际比较分析，认为中国有关基础研究和技术开发的供给端推动政策不足，财政补贴和示范工程并没有真正触及市场需求[3]。张国强和徐艳梅从国际比较视角出发，对中国北京、深圳、上海以及国外旧金山、柏林、奥斯陆等城市新能源汽车激励工具使用情况进行了对比，指出政策支持对新能源汽车产业发展起到了指向性作用，但在推广过程中城市政策的制定应结合自身特点，在政策工具的使用上应增加供给侧政策，鼓励企业研发[4]。刘兆国和韩昊辰对中日两国新能源汽车产业政策进行了对比研究，指出日本在制定产业政策时更加考虑本国能源、资源与产业发展现状，政策工具的适用范围更广，更加注重产业的整体减排成效，认为中国制定新能源汽车产业政策是要回归产业发展

---

[1] Xian Zhang, Ke Wang, Yu Hao, et al., "The Impact of Government Policy on Preference for NEVs: The Evidence from China", *Energy Policy*, Vol. 61, No. 7, 2013.

[2] Han Hao, Xunmin Ou, Jiuyu Du, et al., "China's Electric Vehicle Subsidy Scheme: Rationale and Impacts", *Energy Policy*, Vol. 73, No. C, 2014.

[3] 卢超、尤建新、戎珂等：《新能源汽车产业政策的国际比较研究》，《科研管理》2014年第35期。

[4] 张国强、徐艳梅：《新能源汽车政策工具运用的国际镜鉴与引申》，《改革》2017年第3期。

本源[1]。

通过对有关中国新能源汽车产业政策研究的回顾可以发现，现有研究多集中在对政策工具使用情况的分析，缺乏对产业政策演进的追踪。虽然有一些研究开始涉及产业政策的成效问题，但缺乏对政策工具使用下产业发展情况的联动分析，对政策制定背景与成效的触及不够深入。为此，本研究将在梳理现有中国新能源汽车产业政策并进行历史演进分析基础上，将其与产业发展状况进行关联分析，从创业者制度分析视角切入，以产业生态系统为聚焦点，以更好地提高产业政策梳理的针对性和有效性。

第三节 中国新能源汽车制度演进研究方法

本研究采用内容分析法对中国新能源汽车产业政策进行内容分析。内容分析法是一种通过编码方式对文本资料进行系统的、客观的、定量的描述的分析方法[2]。内容分析法以内容为基点，通过比较和推理使研究者能够从大量的信息中过滤出所需信息，是发现和描述个人、组织、制度以及社会关注点的工具方法[3]。政府在出台新能源汽车制度安排时，所发布的政策文件与相关信息披露在反映政府政策内容的同时，也为分析其政策意图、工具以及行为等提供了内容来源。内容分析法非常适合对政策文本中有关主题的本质性事实及相联系的发展趋势进行分析、解释和预测，被学者们广泛应

---

[1] 刘兆国、韩昊辰：《中日新能源汽车产业政策的比较分析——基于政策工具与产业生态系统的视角》，《现代日本经济》2018 年第 2 期。

[2] Steven E. Stemler, "An Overview of Content Analysis", *Practical Assessment Research & Evaluation*, Vol. 7, No. 17, 2001.

[3] Robert Philip Weber, *Basic Content Analysis*, CA: Sage Publications, 1990.

用到对产业政策的研究中来。为此，本研究将采取内容分析法对中国政府在国家层面出台的有关新能源汽车产业政策进行收集、整理，所收集的政策涵盖产业战略、规划、法规、公告、措施等文件，并对其历史演进加以分析。

为了更好地分析中国新能源汽车产业政策演进过程中政策工具的使用情况及其着力点，本研究从政策工具与产业生态系统两个维度构建新能源汽车产业政策分析框架（见图4.1）。在政策工具维度划分方面，罗伊·罗斯威尔（Roy Rothwell）和沃尔特·泽格维尔德（Walter Zegveld）根据政策工具对创新活动影响层面不同对创新政策按供给侧、需求侧与环境侧所进行划分，其中，供给侧政策主要用来推动和促进供给侧的研发、创新与生产；需求侧政策主要用来刺激消费并促进与新产业相适应的市场需求的形成；环境侧政策主要用来为技术创新与新兴产业提供有利政策环境[1]。罗伊·罗斯威尔和沃尔特·泽格维尔德对政策工具的这一分类清晰地表明了政府政策工具的使用情况，被学者们广泛地应用到产业政策研究中，但这种分类方法却没有体现政策着眼点与主要目的。为此，本研究将引入产业生态系统作为政策分析的第二个维度，形成"政策工具—产业生态系统"分析框架。产业生态系统概念最早是由罗伯特·弗罗什（Robert A. Frosch）和尼古拉斯·加洛普洛斯（Nicholas E. Gallopoulos）提出的，通过比拟自然生态系统，从物质代谢和能量流动角度出发，是一种具有循环经济特征的价值网络形态[2]。本研究将产业生态系统划分为创新生态系统、生产生态系统和应用生态系统，以更好地分析中国新能源汽车制度的着力点。这一分析维度的引入可以从价值链视角窥探产业政策的作用点与影响，把握

---

[1] Roy Rothwell and Walter Zegveld, *Industrial Innovation and Public Policy: Preparing for the 1980s and 1990s*, London: Frances Printer, 1981.

[2] Robert A. Frosch and Nicholas E. Gallopoulos, "Strategies for Manufacturing", *Scientific American*, Vol. 261, No. 3, 1989.

制度环境演进的主要变化点及阶段性特征。

	创新生态统系统	生产生态统系统	应用生态统系统
供给侧	科技支持 宏观综合	税收优惠	基础设施
需求侧			购买补贴 税费减免 政府采购
环境侧	金融支持	标准管理 准入管理 行业规范	非限购限行 金融支持 电价优惠

图 4.1 基于政策工具与产业生态系统视角的新能源汽车产业政策分析框架

第四节 中国新能源汽车制度环境演进与剖析

一 中国新能源汽车产业制度安排分析

从 2001 年 9 月中国启动 863 计划电动汽车重大专项到 2017 年年底，中国中央政府相继出台了近 130 项有关新能源汽车产业的制度安排。制度安排范围涵盖了供给侧、需求侧、环境侧，涉及创新生态系统、生产生态系统以及应用生态系统，对新能源汽车产业发展的促进作用在不断加强。从政策工具使用情况看，主要包括宏观规划、行业管理、推广应用、税收优惠、科技创新以及基础设施建设等工具,政策工具使用数量不断增加,新能源汽车产业政策体系已经初步形成。

根据研究需要,本研究梳理了2010年1月到2017年12月中国中央政府层面出台的新能源汽车产业政策,并对政策发布部门、发布时间、实施时间、关键词等信息进行了统计(见图4.2)。从政策发布数量及时间演进上看,中国新能源汽车制度安排呈现阶段性、持续性与动态演进性特征。

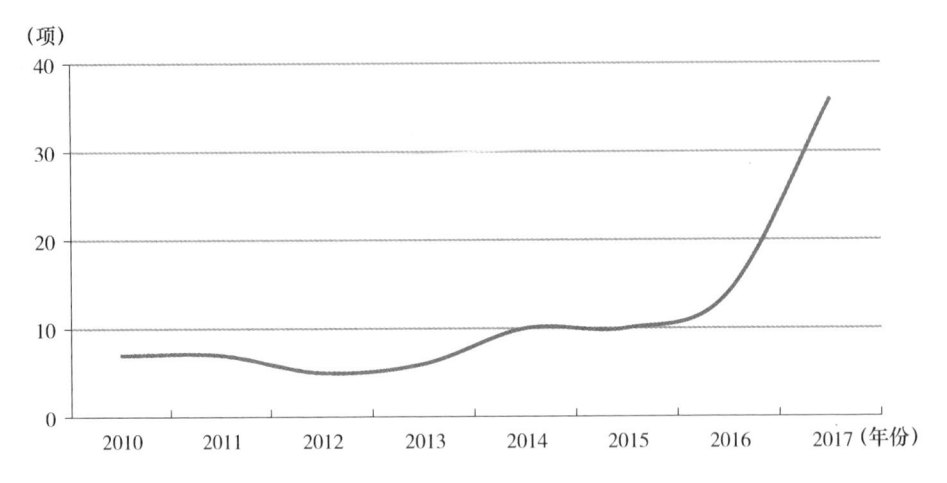

图4.2 2010—2017年中国新能源汽车产业政策(国家层面)发布情况

资料来源:根据政策发布数据统计。

中国新能源汽车产业政策发布数量与新能源汽车产业发展动态结合,呈现出明显的阶段性特征。2008年以前,中国年度出台新能源汽车产业政策最多不超过4项,这一阶段产业政策主要集中在产业规划、基础技术研发等方面,政策取向主要集中在新能源汽车基础技术研发。随着中国企业新能源汽车技术的积累,从2009年开始中国新能源汽车产业政策开始向示范运营与产业化准备进行转变,开始开展公共领域新能源汽车推广工作,产业政策也开始涉及试点城市的私人用户市场。2014年开始,中国新能源汽车制度安排开始向产业化应用进行转变，产业政策发布数量不断提高，政策覆盖面开始注重环境侧、生产生态系统端，政策工具更加多样。

从 2001 年开始，中国每年都会出台有关新能源汽车产业的制度安排，产业政策出台具有持续性特征。2001 年仅发布 863 计划电动汽车重大专项一项政策，而 2016 年的政策发布数量已经增加到 14 项，到 2017 年政策发布数量更是增加到 36 项。从政策发布年度来看，2009 年前的 8 年间，新能源汽车产业政策出台较少，总计仅发布 11 项，对新能源汽车产业仍处于探索期。从 2009 年开始，中国新能源汽车产业政策进入密集发布期。仅 2009 年一年，中国就发布了《关于开展节能与新能源汽车示范推广试点工作的通知》《"十城千辆"节能与新能源汽车示范推广应用工程》《新能源汽车生产企业及产品准入管理规则》等多项具有开拓性意义的政策措施。此后，新能源汽车产业政策数量呈现快速增长趋势。

中国新能源汽车制度安排政策工具使用以及产业生态系统取向具有动态演进特征。根据中国新能源汽车关键技术研发、整车制造以及基础设施建设情况，制度安排逐步从"供给侧—创新生态系统端"向"环境侧—应用生态系统端"进行延伸，政策具体构成也在逐步调整，制度安排与产业发展呈现动态适应、不断演进态势。

通过对中国新能源汽车制度安排出台时间分析，我们可以看出随着节能环保压力不断提升以及产业重要性提高，国家对新能源汽车产业重视程度在不断增加，中国新能源汽车产业也随之进入快速发展期。中国新能源汽车制度环境及其演进为相关创业者提供了机会信号与方向指引，促进了创业者在这一领域开展创业活动。

二 中国新能源汽车产业政策演进及分析

通过对中国国家层面出台的新能源汽车产业政策的内容分析，结合新能源汽车产业自身发展状况，可以将中国新能源汽车产业划分为以下三个阶段：阶段一，基础技术与整车关键技术研究阶段

(2001—2008年)；阶段二，示范运营与产业化准备阶段（2009—2013年）；阶段三，产业化前期（2014—2017年）。为了具体分析制度环境对动态能力及创业行为的影响，本研究将从时间演进视角具体剖析不同阶段中国新能源汽车产业政策取向、工具使用及其变化情况。

（一）基础技术与整车关键技术研究阶段（2001—2008年）

这一阶段，中国新能源汽车产业政策主要集中在供给侧、创新生态系统端，政策的主要取向是促进新能源汽车基础技术研发。2001年，中国启动863计划电动汽车重大科技专项，确定了"三纵三横"开发布局，建立了整车企业主导、关键零部件配合、产学研结合的协同研发体制，由万钢任组长。国家直接投入资金8.8亿元，支持整车开发、共性关键技术、电动汽车测试基地与政策、法规和软课题等多个项目研究，国内200多家企业、高校和科研院所参与项目研究，为中国新能源汽车发展奠定了技术基础。2004年5月，国家发改委发布了《汽车产业发展政策》，要求汽车企业积极开展电动汽车、车用动力电池等新型动力的研究和产业化；2004年11月，印发《节能中长期专项规划的通知》，鼓励企业发展新能源汽车。2005年12月，发改委又发布了《产业结构调整指导目录（2005年本）》，将新能源汽车整车及关键零部件开发及制造列入鼓励类。2006年，中国启动"十一五"863计划节能与新能源汽车重大项目，按照"三纵三横"的研发布局，共安排课题270项，包括整车及零部件企业、科研院所等432家单位超过1.4万科技人员参与研发，累计研发投入达75亿元，构建了中国电动汽车产学研联合研发创新体系。

随着电动汽车基础技术研发不断取得进展，为了进一步促进电动汽车产业发展，2006—2008年，中国新能源汽车产业政策出台速度加快，政策工具开始向需求侧和环境侧拓展。在供给侧、创新生态系统和生产生态系统端，2006年2月，国务院印发《国家中长期科学和技术发展规划纲要（2006—2020年）》，将"低能耗与新能源汽车"和"氢能及燃料电池技术"分别列入优先主题和前沿技术。同年12月，发改委发布《关于汽车工业结构调整意见的通知》，鼓励发展节能、环保型汽车。在需求侧、应用生态系统端，2006年3月，财政部、国家税务总局联合发文实施新消费税政策，明确对混合动力汽车等具有节能和环保特点的汽车将实行一定的税收优惠。在环境侧、生产生态系统端，2007年10月，发改委发布《新能源汽车生产准入管理规则》，这标志着国家开始正式管理新能源汽车生产准入，是中国新能源汽车制度化进程中的关键一步。《新能源汽车生产准入管理规则》标志着国家正式对新能源汽车生产进行准入管理，价值链相关方对国家在生产、消费和使用等环节出台相关激励政策充满预期。但由于产业发展未达预期以及新能源汽车技术路线存在分歧，有关方面对相关制度安排尚在讨论之中，2008年中国新能源汽车产业政策出台数量相对较少，仅8月财政部和税务总局发布了《关于调整乘用车消费税政策的通知》，纯电动乘用车和燃料电池汽车不在消费税征收范围内，进一步促进新能源汽车生产。

通过对上述分析，可以发现这一阶段有关新能源汽车制度安排还是主要集中在供给面与环境面上，政策取向主要还是推动新能源汽车基础技术研发，尚未涉及政府采购与购买补贴等政策。在上述制度安排的支持与引导下，一大批整车、零部件企业、研究机构、大学院校等开始参与新能源汽车有关项目研究。一汽、北汽、长安等整车企业，沃特玛、比亚迪等动力电池生产企业以及上海电驱动、上海大郡等电驱动生产企业依托863计划电动汽车重大科技专项以及"十一五"863计划节能与新能源汽车重大项目，进入新能源汽车领域并开展相关基础技术研发，为后续企业创业打下了坚实基础，也为中国新能源汽车产业生态系统构建提供了基础架构。2007年12月，科技部与北京市政府联合发起"新能源汽车奥运示范运行项目",相关企业研发、生产的595辆新能源汽车参与示范运行,这是该阶段研究成果的集中展示,为中国下一阶段开展更大规模的新能源汽车推广打下了基础。

(二)示范运营与产业化准备阶段(2009—2013年)

2008年国际金融危机爆发,传统汽车产业在全球范围内受到重大冲击,新能源汽车产业重要性得到凸显,世界各国纷纷出台相关产业政策。这一阶段,中国在供给侧、创新生态端出台了一系列宏观综合与科技支持方面的政策,主要目的是通过新能源汽车的示范运营促进新能源汽车研发并培育市场。

2009年是中国新能源汽车制度安排密集出台的一年,也是新能源汽车产业政策由重研发向研发与推广并举的转折点。2009年1月,为了贯彻国务院有关"精心培育一批战略性产业"决策,加快汽车产业结构调整,财政部和科技部发布《节能与新能源汽车示范推广财政补助资金管理暂行办法》,在北京、上海、重庆等3个城市开展节能与新能源汽车示范推广试点工作,标志着中国新能源汽车的示范推广工作开始。2月,科技部等四部委启动"十城千辆节能与新能源汽车示范推广应用工程",计划在3年内,每年发展10个城市,在公交、出租等领域推广1000辆新能源汽车。3月,国务院办公厅发布《汽车产业调整和振兴规划》,提出实施新能源汽车战略,安排100亿元支持新能源汽车及关键零部件产业化。6月,工业和信息化部发布《新能源汽车生产企业及产品准入管理规则》,对新能源汽车和产品开始实施准入管理。12月,国务院常务会议将2010年试点城市城市由13个增加到20个,同时选择5个试点城市对私人购买节能与新能源汽车给予补贴。新能源汽车产业政策的密集出台为创业者进入这一领域开展创业活动提供了机会与激励机制。

2010年10月,国务院公布《关于加快培育和发展战略性新兴产业的决定》,将新能源汽车列入战略性新兴产业范围,新能源汽车产业重要性得到进一步提升。2011年7月，科技部发布《国家"十二五"科学和技术发展规划》，提出全面实施"纯电驱动"技术转型战略。2011年9月，十部委发布《关于促进战略性新兴产业国际化发展的指导意见》，将新能源汽车产业列为国际化推进七大重点产业之一。2011年11月，工信部发布《"十二五"产业技术创新规划》，明确了新能源汽车技术发展方向，将新能源汽车关键核心技术等列入重点开发项目之中。2012年4月科技部印发《电动汽车科技发展"十二五"专项规划》，规划形成了"三横三纵三大平台"战略重点与任务布局，确立了"纯电驱动"的技术转型战略。2012年6月，国务院印发《节能与新能源汽车产业发展规划（2012—2020年）》，进一步明确纯电驱动的技术路线取向。2013年8月，国务院印发《国务院关于加快发展节能环保产业的意见》，进一步明确加快新能源汽车技术攻关和示范推广。2013年9月，国务院印发《大气污染防治行动计划》，提出大力发展新能源汽车。这一系列政策出台，表明国家对新能源汽车产业寄予高度期待，对企业新能源技术路线选择和研发布局起到了引领作用，新能源汽车产业地位不断提升。

这一阶段需求侧、应用生态系统端政策密集出台，意在通过示范运营进行产业化前期准备。这其中一个标志性制度是由财政部和科技部共同发布的《关于开展节能与新能源汽车示范推广试点工作的通知》，对公共服务领域单位用户购买节能与新能源汽车给予补助，标志着中国新能源汽车示范推广工作正式开始。2009年2月，四部委启动"十城千辆"工程，计划用3年时间，每年发展10个城市，通过财政补贴使每个城市实现1000辆新能源汽车的示范运营。2011年9月2日，科技部和财政部等四部委发布《关于加强节能与新能源汽车示范推广安全管理工作的函》；9月7日，财政部等三部委又发布了《关于调整节能汽车推广补贴政策的通知》。多项政策的连续出台进一步为企业开展相关创业活动提供了机会信号。

随着公共领域新能源汽车推广工作的开展，产业政策也开始涉及私人用户市场。2010年5月四部委发布《关于开展私人购买新能源汽车补贴试点的通知》，在上海、长春、深圳、杭州、合肥5个城市启动私人购买新能源汽车补贴试点工作，补贴资金拨付给汽车生产企业。与此同时，地方政府为了落实国家新能源汽车示范推广工程任务，促进地方新能源汽车产业发展，也陆续出台了一系列的推广补贴方案。2010年7月，深圳市《私人购买新能源汽车补贴政策》正式出台，在国家政府补贴的基础上对双模电动车和纯电动车追加补贴。2011年12月，北京市发布《北京市纯电动汽车示范推广市级补助暂行办法》，对出租、邮政等领域企业购买纯电动汽车按照1∶1比例对企业追加地方财政补助资金。2012年，上海、广州等城市也相继出台了地方补贴政策，国家和地方双支持新能源制度安排体系开始逐步完善。

环境压力的加大进一步促使政府加强新能源汽车推广制度建设。2013年9月，环境保护部、发展改革委等6部门印发《京津冀及周边地区落实大气污染防治行动计划实施细则》，提出采取直接上牌、财政补贴等综合措施鼓励个人购买新能源汽车。同月，四部委发布《关于继续开展新能源汽车推广应用工作的通知》，明确依托城市推广应用新能源汽车，要求示范城市或区域中特大型城市或重点区域进行新能源汽车推广应用，同时明确了2013—2015年新能源汽车推广应用补贴标准，形成了稳定的政策预期。为了配合新能源汽车的示范推广工作，这一阶段新能源汽车产业政策也开始触及环境侧、应用生产系统，希望通过对充电基础设施的支持促进示范工作的开展。2010年5月，住建部、公安部和发改委等三部委发布《关于城市停车设施规划建设及管理的指导意见》，要求在规划和建设停车设施时要考虑充电等配套设施。在此阶段，中国也出台了一系列有关新能源汽车的技术标准，为新能源汽车技术研发与产业化奠定了标准基础。

在示范运营与产业化准备阶段，中国新能源汽车制度安排指向主要是促进新能源汽车在公共服务领域的示范运营，并以此为切入点，进一步促进私人用户购买新能源汽车。在中央政府及相关部委不断推进新能源汽车制度环境建设的同时，各试点城市也相应出台了一系列制度安排，形成了新能源汽车产业中央、地方制度协同演进的发展特征。但由于各地方制度差异，在一定程度上也使得新能源汽车市场在某种程度上出现了市场分割。

（三）产业化前期（2014—2017 年）

随着前期技术积累以及示范运营活动的开展，中国新能源汽车产业发展取得长足发展，并进入重要战略机遇期。这一阶段，中国在供给侧、研发生态系统端与生产系统端出台了一系列产业政策，通过继续提升产业重要性来引导企业进行研发创新与生产。2015 年 5 月，国务院印发《中国制造 2025》，将节能与新能源汽车列入十大重点产业，支持核心技术的工程化和产业化，推动自主品牌节能与新能源汽车同国际先进水平接轨。2017 年 4 月，工信部、发改委和科技部三部委印发《汽车产业中长期发展规划》，明确形成包括新能源汽车在内的梯次合理的产业格局，引领汽车产业转型升级。值得关注的是，2017 年 9 月 27 日，五部委公布《乘用车企业平均燃料消耗量与新能源汽车积分并行管理办法》，规范和加强乘用车企业平均燃料消耗量与新能源汽车积分管理，进一步拉动新能源汽车产业发展。

这一阶段中国新能源汽车制度安排开始向产业化应用进行转变，政策工具开始聚焦到消费引导、基础设施建设等需求侧与环境上。在需求侧、应用生态系统端，财政部、科技部等四部委不断对补贴标准进行调整，以引导企业技术研发和消费者购买。2014 年 1 月，四部委发布《关于进一步做好新能源汽车推广应用工作的通知》，对 2014 年、2015 年补贴退坡标准做出调整。2014 年 2 月，四部委发布《关于支持沈阳长春等城市或区域开展新能源汽车推广应用工作的通知》,将沈阳、长春等26个城市列为第二批新能源汽车示范城市。2014年8月,财政部、国家税务总局和工业和信息化部发布《关于免征新能源汽车车辆购置税的公告》,对购置的新能源汽车免征车辆购置税,进一步降低消费者购买成本。10月,工信部等七部委发布《京津冀公交等公共服务领域新能源汽车推广工作方案》。2015年4月,财政部、科技部等四部委发布《关于2016—2020年新能源汽车推广应用财政支持政策的通知》,公布了2016年及2017—2020年补贴标准。2015年5月,财政部等三部门发布通知对新能源车船免征车船税。在环境侧、应用生态系统端,2015年9月,国务院常务会议要求各地不得对新能源汽车实行限行、限购,已实行的应当取消。北京、上海、广州、杭州等限购、限行城市也出台政策,为新能源汽车上牌、通行提供便利。2016年2月,央行等部门发布《关于金融支持工业稳增长调结构增效益的若干意见》,鼓励银行适当降低新能源汽车贷款首付比例,支持新能源汽车生产、消费及相关产业发展。2017年10月,中国人民银行、中国银行业监督管理委员会发布修订后的《汽车贷款管理办法》,明确自用新能源汽车贷款最高发放比例为85%,商用新能源汽车贷款最高发放比例为75%,进一步促进新能源汽车销售。这些政策的出台对新能源汽车产业化发展起到了积极的拉动作用。但由于各地对新能源汽车标准的认定尚未统一,存在地方目录问题,这种地方保护不利于厂商间的市场化竞争以及基础设施供应商等市场主体的参与和竞争。

在供给侧、应用生态系统端与环境侧、应用生态系统端,为了进一步促进新能源汽车配套服务体系发展,中国开始密集出台大量制度安排。2014年7月,国家发改委发布《关于电动汽车用电价格政策有关问题的通知》,利用电价杠杆促进电动汽车推广应用。11月,财政部等四部委发布《关于新能源汽车充电设施建设奖励的通知》，对于符合相应国家和行业标准的充电设施建设运营与改造升级等提供奖励。11个月后，2015年10月，国务院办公厅发布《关于加快电动汽车充电基础设施建设的指导意见》，对于加快推进电动汽车充电基础设施建设工作提出了指导意见，为新能源汽车大规模产业化应用提供基础设施支持。11月，发改委发布《电动汽车充电基础设施发展指南（2015—2020年）》，对集中式充换电站和分散式充电桩建设进行了规划。2016年1月，财政部、科技部等部门发布《关于"十三五"新能源汽车充电基础设施奖励政策及加强新能源汽车推广应用的通知》，为培育良好的新能源汽车应用环境，通过中央财政对充电基础设施建设、运营给予奖补。2017年3月，国家能源局等部门发布《加快单位内部电动汽车充电基础设施建设》的通知，对公共机构新建和既有停车场要规划建设配备充电设施比例进行了要求。此外，相关部委还对新能源汽车政府采购以及限行、限购出台了相关政策。这些政策的出台为推动新能源汽车相关服务设施建设以及市场化提供了制度保障。可以看出，中国对新能源汽车产业应用生态系统的支持政策已从刺激消费向促进基础设施与消费并重转变。

为了保证新能源汽车的产业化发展，中国开始注重环境侧、生产生态系统端政策供给，在生产准入、标准规范方面也出台了大量制度规范。2015年3月，工信部发布《汽车动力蓄电池行业规范条件》，对汽车动力蓄电池行业提出了规范要求。2015年6月，发改委和工信部发布《新建纯电动乘用车企业管理规定》，对新建企业的准入条件作出了明确，有利于发挥市场主体的作用，支持社会资本和具有技术创新能力的企业参与纯电动乘用车科研生产。12月，五部门发布五项电动汽车充电接口及通信协议国家标准，全面提升了充电的安全性和标准性。2017年1月，工信部发布《新能源汽车生产企业及产品准入管理规定》，对新能源汽车企业从企业设计开发到售后服务及产品安全保障等方面都提高了准入门槛，对新能源汽车企业开始实施准入管理。此外，为了适应智能化、网联化的未来全球汽车产业发展趋势，中国在新能源汽车智能网联制度安排方面也开展了尝试。2017年12月，工信部、国家标准委共同发布《国家车联网产业标准体系建设指南》，对车联网产业生态环境进行顶层设计和规范引领。同月，发改委下发《智能汽车关键技术产业化实施方案》，明确智能汽车未来三年发展目标。

在产业化前期阶段，中国新能源汽车制度安排开始向产业化应用进行转变，政策工具开始聚焦到消费引导、基础设施建设等需求侧与环境上。在消费引导与市场培育方面，财政部、科技部等四部委不断对补贴标准进行调整，引导企业进行产业技术升级和市场化准备，为取消补贴后产业健康运行做准备。这一时期政策重要转向重心是加大对新能源汽车充电桩等基础设施建设的规划与支持力度，为新能源汽车市场化应用提供基础设施保证。为了引导、规范新能源汽车产业标准化发展适应互联网时代新需求，中国在新能源汽车环境侧、生产生态系统端出台了从整车生产准入到零部件技术标准等大量制度安排，为产业可持续发展奠定了坚实基础。

第五节 中国新能源汽车产业制度安排影响分析

一 销量规模跃升新台阶，市场化进程加速

近年来，为了促进新能源汽车产业快速发展，中国政府出台了示范推广、购买补贴、税费减免、不限购限行、充电基础设施奖励等鼓励措施，地方政府也相应出台了一系列优惠政策，在这些政策的共同作用与效果叠加下，中国新能源汽车产销量快速增长。

新能源汽车销量显著增长，市场规模已跃居全球第一。根据中

国汽车工业协会（CAAM）统计数据，2017年中国新能源汽车销售77.7万辆，比上年增长53.3%，销量突破70万辆关口（见图4.3）。2011年，中国新能源汽车销量不足1万辆，短短6年间销量增长了近80倍，产业政策成效显著，对新能源汽车产销推动与拉动作用非常显著。从销量结构看，2017年，新能源乘用车销售59.3万辆，比上年增长71.9%，其中纯电动乘用车销售47.8万辆，比上年增长81.7%；插电式混合动力乘用车销售11.4万辆，比上年增长40.3%。新能源商用车销售20.2万辆，比上年增长17.4%，其中纯电动乘用车销售18.8万辆，比上年增长22.2%；插电式混合动力乘用车销售1.4万辆，比上年下降24.9%。

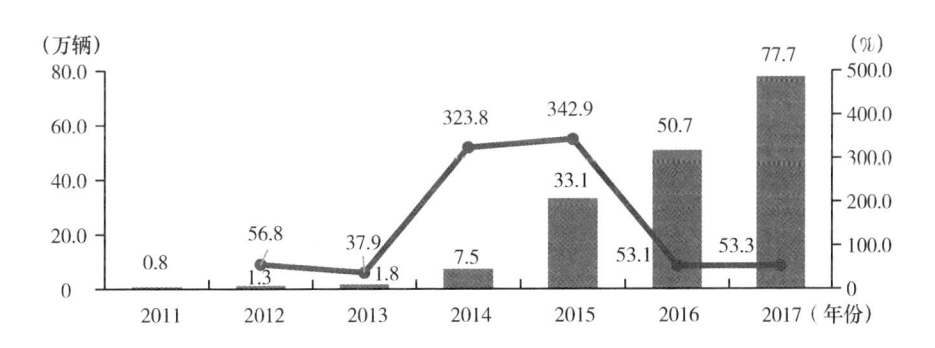

图4.3 中国新能源汽车销量及增速（2011—2017年）

资料来源：根据中国汽车工业协会（CAAM）数据整理。

与此同时，新能源汽车销量占汽车市场销量的比重逐年快速提升（见图4.4）。2011年，中国新能源汽车销售0.82万辆，其中纯电动汽车销售0.56万辆，插电式混合动力汽车销售0.26万辆，新能源汽车销量占汽车市场销量的比重几乎为0。这一比重从2014年开始大幅提升，2017年已经提高到2.7%，新能源汽车占汽车整体销售的比重突破2.0%，但新能源汽车销售在整体汽车销售中所占比重仍然较低，未来拥有广阔的发展空间。

中国新能源汽车产销量大幅增长，主要得益于国家对新能源汽

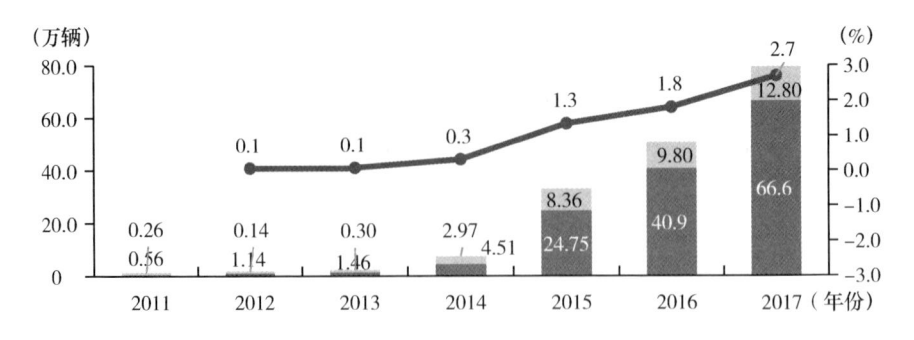

图 4.4　中国新能源汽车销售结构及市场占比

资料来源：根据中国汽车工业协会（CAAM）数据整理。

车推广应用和充电基础设施建设所提供的财税扶持政策。新能源汽车产业是国家战略性新兴产业，也是汽车工业转型升级的重要举措，为了促进新能源汽车产业发展，财政部、工信部、发改委等相关部委出台了一系列促进新能源汽车推广应用和充电基础设施建设的补贴政策，鼓励企业生产、用户使用新能源汽车。2009—2015年，中央财政累计安排补助资金334.35亿元，新能源汽车实现累计生产49.7万辆，销售约44.0万辆，中国已成为全球新能源汽车保有量最大的国家。

二　整车企业积极开展布局，产品迭代速度加快

在国家产业政策支持下，国内汽车企业积极布局新能源汽车产业，加速推进新能源汽车市场化。2009年以来，中国新能源汽车产业发展如火如荼，整车企业积极参与国家新能源汽车科研项目，经过多年的技术积累，产品日益成熟。以行业龙头比亚迪汽车为例，从2008年开始陆续推出F3DM、K9、e6、秦、唐以及与戴姆勒公司合作研发的腾势等新能源乘用车产品，公司已经形成了以插电式混合动力汽车为主、纯电动汽车为辅的新能源乘用车技术布局，其首款纯电动客车K9、纯电动双层巴士K10已经出口多个国家。北汽新能源自2009年成立后，先后与国内外多个企业展开合作，掌

握了新能源汽车三大核心技术，主要推出了 EC180、EU260、EX260、EV160、EH300、EU400 等车型，实现了产品技术的快速迭代，其最新上市的 EU400 一次充电 60 千米/h 等速续航里程可以达到 460 千米。吉利、众泰、上汽、江淮等厂商也都向市场推出了具有一定影响力的车型，产品性能和成熟度不断提高，消费者可选择范围不断扩大，新能源汽车市场化加速（见图 4.5）。

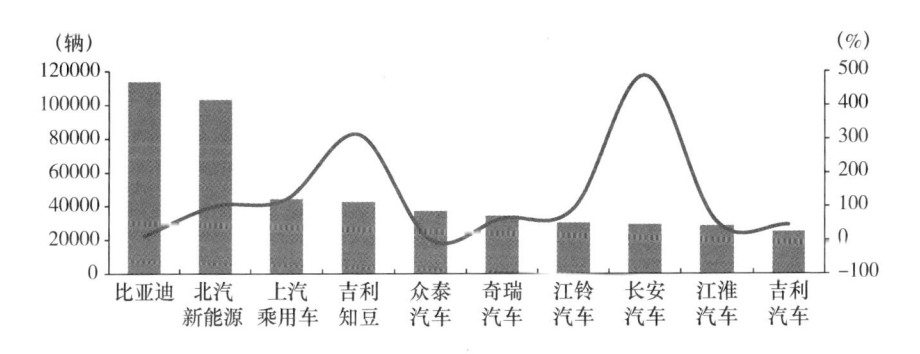

图 4.5 中国主要新能源乘用车企业销售情况（2017 年）

资料来源：全国乘用车市场信息联席会（CPCA）。

在政策压力下，外资企业开始加速"联姻"，新能源汽车研发与导入加速。由于 16 年以前中国并没有像美国、欧盟以及日本等国家和地区对企业燃油限值或 CO_2 排放进行惩罚性考核，一些企业特别是合资企业新能源汽车研发与导入缺乏压力。在中国坚定支持新能源汽车发展这一政策背景下，在工信部于 2016 年 9 月发布《企业平均燃料消耗量与新能源汽车积分并行管理暂行办法（征求意见稿）》情况下，外资企业开始重新审视中国市场战略，一改观望态度，开始积极筹备新能源汽车的研发与国产化工作。江淮和大众、戴姆勒和北汽、福特和众泰、雷诺－日产联盟和东风汽车等纷纷签署合资协议、备忘录或成立公司，进行新能源汽车研发、生产和销售。未来随着新产品的不断涌现，中国新能源汽车市场规模将进一步扩大，产业生态系统也将进一步优化、完善。

三 核心零部件取得突破，价值链掌控能力进一步增强

在国家产业政策支持以及新能源汽车市场需求的拉动下，中国企业在动力电池、驱动电机等新能源汽车核心零部件领域取得重要突破，核心竞争力不断提升。在863计划和电动汽车科技发展"十二五"专项规划等大力支持下，中国动力电池的技术有了很大提升，产业化水平较高。目前，中国已经形成了完善的动力电池产业链，比亚迪、宁德时代、力神、沃特玛、万向等一大批企业在动力电池领域投入了大量研发资金，产能不断扩充，有力地支撑了新能源汽车产业的快速发展，一些企业也开始与美国、德国等厂商建立合作关系。中国驱动电机企业也不断加大研发投入力度，扩展产品种类，提升产能水平。以上海电驱动、上海大郡、南车株洲和大洋电机为代表的国内企业已经形成了适用于纯电动与插电式混合动力汽车的研发平台，已经开发出峰值功率130千瓦、峰值扭矩320NM的纯电驱动系统。

从2001年中国启动863计划电动汽车重大科技专项以来，坚持"三纵三横"的研发布局，形成"三横三纵三大平台"战略重点与任务布局，明确指引企业研发方向并提供资金支持，全面提升中国新能源汽车核心零部件技术研发能力与市场化应用水平。

四 充电基础设施不断完善，商业模式不断创新

2015年以来，中国发布了一系列促进充电基础设施建设的产业政策，涵盖了充电基础设施建设、电力接入、充电设施运营等方面，充分调动了社会资本参与到充电基础设施建设中来。一些地方政府也积极出台充电基础设施规划和实施细则，促进充电桩建设。中国充电基础设施建设领域已经吸引了包括互联网企业、科技公司、初创公司多方介入，形成国有、民营、混合所有制并存的产业格局。截至2016年12月份，中国公共类充电桩建设、运营数量接

近 15 万个，而这一数据在 2015 年为 4.9 万个，增幅达 2 倍，中国充电基础设施公共类充电桩保有量位列全球第一。其中，特来电、国网公司、万邦和中国普天市场份额占到了 85%，民营企业已经成为充电基础设施建设的重要参与者（见图 4.6）。

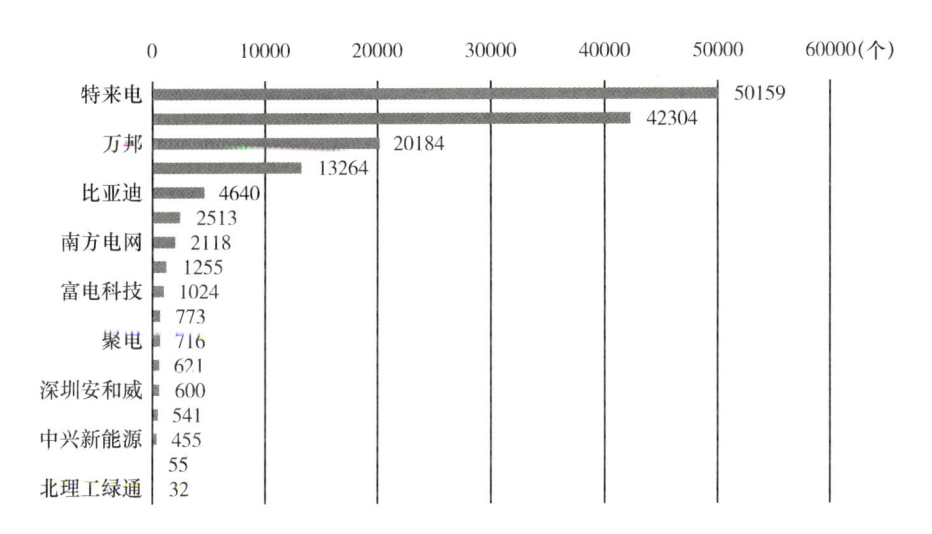

运营商	数量
特来电	50159
	42304
万邦	20184
	13264
比亚迪	4640
	2513
南方电网	2118
	1255
富电科技	1024
	773
聚电	716
	621
深圳安和威	600
	541
中兴新能源	455
	55
北理工绿通	32

图 4.6　中国各运营商充电桩数量（2016 年）

资料来源：国家能源局，中国电动汽车充电基础设施促进联盟：《中国电动汽车充电基础设施发展年度报告 2016—2017》，http：//www.evcipa.org.cn。

为了对新能源汽车进行推广应用，寻找适合新能源汽车发展的商业模式是市场参与者的关注重点。近年来，中国新能源汽车产业参与者积极进行模式创新，目前在整车领域已经出现了整车销售、整车租赁、电池租赁、整车共享等，商业模式的创新极大地促进了新能源汽车的推广应用。在充电基础设施方面，群充电、众筹充电、移动充电灯商业模式已经开始推广，可以满足不用领域、不同类型的充电需求，提高了基础设施的运营效率和企业盈利能力，助推了新能源汽车市场化进程。新能源汽车产业涉及产品、产业价值链体系的重构，在信息化、网络化与数字化的时代背景下，在多方共同参与下，新的商业模式也将不断催生。

第六节　中国新能源汽车产业发展存在的问题与政策建议

　　本章通过构建政策工具与产业生态系统二维分析框架，对中国新能源汽车产业政策及其演进进行了梳理、分析，并对产业政策影响下中国新能源汽车产业发展状况进行了分析。通过分析，我们可以发现虽然中国新能源汽车产业在产业政策驱动与影响下取得了长足的发展，市场化进程开始加快，但中国新能源汽车产业在发展过程中仍存在一些问题。其一，新能源汽车推广应用过度依靠政府补贴。从2009年工信部等部委启动"十城千辆工程"以来，中国开始对新能源汽车购买提供补贴，补贴政策历经调整，有效扶持、促进了新能源汽车产业发展。但目前新能源汽车产业发展过度依靠政府补贴，一些企业受利益驱使违法骗补，扰乱了市场秩序。同时，补贴政策在设计和执行过程中，没有完全发挥"扶强汰弱"作用，对以私人应用为主的乘用车领域倾斜不足。其二，充电基础设施建设发展滞后。中国充电基础设施产业处于发展初期，政策建设并不健全，地方政府配套政策出台缓慢，政策体系差异较大。电动汽车充电接口及通讯通信协议国家标准发布后，旧车与旧桩的升级改造还需加快。其三，地方保护问题严重制约了新能源汽车产业健康可持续发展。国内各省市在推广新能源汽车时，通过制定本地推广政策和标准，对外地企业设置捆绑性条件、发布地方目录等手段，阻碍本地区外新能源汽车产品进入本地区销售，对全国市场造成分割，严重阻碍新能源汽车产业健康可持续发展。其四，核心技术领域仍需企业不断突破。中国新能源汽车缺乏高端、高性能产品，核心技术缺少重大突破。动力电池性能和能量密度与日韩等国际企业比仍存在差距，一些企业驱动电价、电控系统中的核心零部件仍依赖国外企业，产业价值链掌控能力较弱。

通过对中国新能源汽车产业政策的分析，针对中国新能源汽车产业发展过程中出现的问题，本研究提出以下政策建议。

第一，优化需求侧、应用生态系统端政策工具体系，尽快促进新能源汽车产业生态系统形成。一方面，在新能源汽车购买补贴政策的调整上，应向面对私人市场的乘用车领域进行倾斜，通过补贴细则标准的调整引导企业提高产品技术水平，削低补高，逐步取消购买补贴。在补贴对象方面，可以将终端消费者作为补贴对象，避免企业违规谋取、骗取补贴资金。另一方面，加大对充电基础设施的补贴力度。对现有补贴政策中有关数量、规模的限制条件进行取消或调整，进一步提高补贴标准。同时，对地方政府的补贴政策进行规范，尽快形成与产业发展相匹配的充电基础设施。将补贴重点从购买补贴向充电基础设施进行转移，完善产业生态系统，实现产业可持续发展。

第二，破解地方保护，规范地方政府新能源汽车推广政策和补贴标准制定。地方保护是制约新能源汽车发展的关键因素之一。目前，中国的一些地方政府在制定本体新能源汽车购买补贴时，设置了一些隐性条件与要求，阻碍外地新能源汽车企业产品进入本地区，形成了对本地区企业的保护。为了进一步推动新能源汽车全国统一市场的形成，中国需要从国家层面对地方新能源汽车备案目录进行规范，取消其他市场准入与补贴申领的限制条件。在国家补贴申领条件上，可以明确对地方保护做出限制，如果存在违规行为，可以停止提供国补。此外，可以考虑对地方政府等有关充电基础设施建设的支持与申领条件进行适度统一，降低企业运营难度，促进充电基础设施的全国统筹建设。将中央政府出台的各类政策与地方政策进行无缝对接，从而促进新能源汽车全国统一市场的形成，充分发挥市场机制，实现企业间良性竞争，促进新能源汽车产业生态系统形成与优化。

第三，强化供给面、生产生态系统端政策供给，对新能源汽车产业发展形成倒逼式推动。通过对中国新能源汽车产业政策演进及政策工具分析，我们可以发现目前中国在新能源汽车产业政策工具使用上对倒逼式推动政策工具使用较少，一些企业在新能源汽车研发与市场化应用上缺乏急迫性。虽然中国从2004年开始已经发布《乘用车燃料消耗量限值》，对乘用车燃油进行限值管理，但一直没有出台惩罚性措施，对企业缺少约束力。2017年9月，工信部、财政部、商务部、海关总署、质检总局联合公布了《乘用车企业平均燃料消耗量与新能源汽车积分并行管理办法》，将企业平均燃油消耗和新能源汽车积分进行统筹管理，该政策的实施会倒逼汽车企业发展新能源汽车，但在后续目标设定与积分规则设置上还需要根据新能源汽车产业发展情况进行细化、调整，特别是在标准对技术路线的指引上应该统筹规划，形成供给侧倒逼、需求侧拉动的产业政策体系。

第五章

案例素描与发现

北京新能源汽车股份有限公司前身是成立于 2009 年 11 月的北京新能源汽车有限公司，经营范围涵盖新能源汽车的核心零部件、纯电动汽车的生产销售以及配套监控设备的生产销售，是绿色智慧出行一体化解决方案提供商。北汽新能源自成立以来，依靠自身动态能力开展了一系列资源整合、重构活动，成为中国第一家掌握电池、电机、电控新能源汽车三大核心技术，拥有完善产业链、实现自主生产的新能源汽车企业。目前，北汽新能源是国内纯电动汽车市场销量规模最大、市场占有率最高的新能源汽车企业。本章首先分析北汽新能源的背景信息。以此为基础，将其发展历程划分为因势而谋：开启创业之路（2009—2012 年），因势而动：发力私人市场（2013—2014 年）与因势而进：抢占市场先机（2015—2017 年）三个阶段，并对每个阶段中国家与北京市两个层面新能源汽车产业制度环境主要变化，北汽新能源机会识评、资源整合、资源重构以及机会利用等具体创业过程进行详细描述、分析，力求发现在其创业过程中所体现的制度、机会对创业行为的影响机理。

第一节 案例企业背景介绍

北京新能源汽车股份有限公司前身是成立于 2009 年 11 月的北

京新能源汽车有限公司（简称北汽新能源）。2009年11月14日，世界500强企业北京汽车工业集团总公司（2010年11月更名为"北京汽车集团有限公司"，简称北汽集团）成立了国内第一家专门从事新能源汽车研发、生产、销售的新能源汽车公司——北京汽车新能源汽车有限公司，注册资本3亿元。随着公司的发展，2014年3月12日，公司变更为由北京汽车集团有限公司发起并控股，联合北京工业发展投资管理有限公司、北京国有资本经营管理中心、北京电子控股有限责任公司共同设立的集新能源汽车技术研发、资源集约与产业整合的新能源汽车产业发展平台。北汽新能源经营范围覆盖了新能源汽车的核心零部件、纯电动汽车、混合动力汽车的生产销售以及配套的充电系统、电池更换系统、新能源汽车远程监控设备的生产销售，是一家以环保乘用车为主要经营范围的新能源科技公司，注册资本20亿元。目前，北汽新能源是国内纯电动汽车市场销量规模最大、市场占有率最高、产业链最完整的新能源汽车企业。虽然北汽新能源成立仅仅8年时间，但市场业绩斐然。

2009年成立以来，北汽新能源便致力于成为国内技术领先、产业规模最大、实力最强的新能源汽车研发、生产基地，以掌握新能源汽车的核心技术和建立完整的新能源汽车产业链为核心，外因内联、集成创新，快速掌握了整车系统集成与匹配、整车控制系统、电驱动系统等关键核心技术，实现新能源汽车产品快速市场化与产品迭代。企业在纯电动乘用车销量领域一直稳居国内新能源汽车企业榜首。目前，北汽新能源已经形成北京大兴、青岛莱西、常州武进三大生产基地布局，形成包括中国北京、美国硅谷、德国亚琛、美国底特律、西班牙巴塞罗那、德国德累斯顿在内的全球研发布局，与美国Atieva公司、德国西门子、韩国SK等、日本松下等企业开展合作，整合全球资源，大大增强了技术实力和研发实力，向市场推出了多款车型，销量连续多年位居国内纯电动乘用车榜首。

总体而言，根据访谈结果，结合企业发展关键事件，北汽新能源的发展可以划分为"因势而谋""因势而动""因势而进"三个阶段。第一个阶段是2009—2012年的开启创业之路阶段。这一阶段北汽新能源承建了北京新能源汽车科技产业园，与合作伙伴分别合资成立了北京普莱德新能源电池科技有限公司和北京汽车大洋电机公司，初步确立了"一园三公司"的产业基地模式，快速掌握电池与整车匹配、电驱动系统以及整车控制系统三大核心技术，开发了Q60FB、C30DB以及M30RB等纯电动汽车，完成了E150EV车型的交付。第二个阶段是2013—2014年的发力私人市场阶段。2013年，国家对新能源汽车推广应用补贴标准进行了明确，形成了稳定的政策预期。2014年，北京市开始对私人购买小汽车进行补贴，对示范应用新能源小客车指标进行单独配置。在这一制度环境下，北汽新能源于2014年调整为股份制公司，大力开发私人市场。以新成立的股份公司为基础，北汽新能源开展了大范围资源整合，与韩国SK合资成立北京电控爱思开公司、入股美国Atieva公司，与富士康、庞大、国电南瑞、特锐德等展开合作，产品技术水平大幅提升，商业模式不断创新。2014年整车销量超过5500辆，进入全球纯电动汽车销售前四强。第三个阶段是2015年以来的抢占市场先机阶段。在此阶段，2015年开始，中国新能源汽车市场进入高速增长期。北汽新能源开始构建海外研发基地，快速融入国际产业格局，同时，进行产能的全国性布局。与合作伙伴合作，建立分时租赁、电动物流以及充电场桩联盟，大力打造新能源汽车产业生态系统，打通产业价值链。2015年，公司销量超过20000辆，2016年超过50000辆，连续领跑纯电动乘用车市场。通过对北汽新能源发展历程的简要回顾，可以发现，北汽新能源在发展过程中一直以"一个卫蓝梦，两个世界级"为公司愿景，践行责任，创新共享核心价值观，传递其"未来出行方式的探索者和引领者"这一品牌定位（如图5.1所示）。

图 5.1　北汽新能源核心理念

资料来源：北汽新能源：《关于北汽新能源》，http://www.bjev.com.cn/html/about-us.html，2019年5月19日。

第二节　北汽新能源发展历程

一　因势而谋：开启创业之路（2009—2012年）

中国新能源汽车产业是由政府发起和主导的。2001年，中国启动863计划电动汽车重大专项。2004年，发改委陆续发布《汽车产业发展政策》《节能中长期专项规划》，鼓励企业发展新能源汽车。2005—2008年，发改委、财政部、国税总局等也都相继出台相关鼓励政策。从2009年开始，中国新能源汽车产业制度安排开始从重研发向研发与示范运营并重转变。2009年2月，科技部、财政部等四部委启动"十城千辆"示范运营工程。2010年5月，上海、长春等 5 城市启动私人购买新能源汽车补贴试点工作。2008 年国际金融危机爆发后，新能源汽车产业重要性不断提升。2009 年 3 月，国务院陆续发布《汽车产业调整和振兴规划》《关于加快培育和发展战略性新兴产业的决定》，提出实施新能源汽车战略，将新能源汽车列入战略性新兴产业范围。与此同时，北京市也陆续出台了支持政策。2009 年 3 月，发布"科技北京"行动计划，提出对接科技部"十城千辆"工程，发展新能源汽车产业。2009—2010 年，北京市陆续发布了《北京市振兴发展新能源产业实施方案》《北京市"绿色北京"行动计划（2010—2012 年）》。2011 年 4 月到 8 月，北京市在发布的空气行动计划和绿色发展建设规划中再次提出大力发展新能源汽车，在《北京市"十二五"时期能源发展建设规划》中明确积极推动新能源汽车研发和应用，加快形成新能源汽车产业链的发展目标。在出台相关制度同时，2009 年，北京市建立了由市相关领导作为联席会召集人，14 个相关委办局成员单位共同参加的新能源汽车联席会议制度，推动新能源汽车研究开发、示范应用和产业化。

同国内其他国有汽车集团与民营汽车企业相比，北汽集团进入新能源汽车领域相对较晚。2001 年 9 月国家启动 863 计划电动汽车重大专项，其中燃料电池轿车项目由同济大学承担，混合动力轿车项目分别由一汽、东风、长安和奇瑞 4 家单位承担，纯电动轿车开发项目主要由天津清源电动车辆有限公司牵头承担。2006 年国家启动"十一五"863 计划节能与新能源汽车重大项目，国内整车及零部件企业、研究机构、大学院校等 432 家单位参与研发工作，但北汽集团仅承担了"北汽自主品牌混合动力汽车产品研发"一项新能源乘用车项目，而上汽集团、一汽集团、东风汽车、奇瑞汽车、长安汽车等整车企业均承担了多项研发课题。同这些国有汽车集团和民营汽车企业相比，北汽集团在新能源汽车基础技术储备和整车开发经验上均存在差距。北汽集团笃定进入新能源汽车领域，更多是源于其对制度环境变化所带来创业机会的识别。

北汽集团进入新能源汽车领域是外部制度环境演进与集团内部自主品牌发展需求相契合的结果。国际金融危机后，世界各国纷纷出台产业政策支持新能源汽车产业发展，中国也开始出台实质性政策支持新能源汽车发展。北汽集团所在地北京市政府也非常重视汽车产业。2009年6月25日，北京市委副书记、市长郭金龙在调研北汽集团自主创新和新能源汽车研发情况时，强调要充分认识汽车产业在北京经济发展中的支柱地位，并肯定了北汽集团面对国际金融危机不利影响，为保持北京经济平稳发展做出的贡献。为了促进北京市新能源汽车产业持续快速发展，促进经济发展方式进一步转变，北京市也陆续出台了相关规划与支持政策。制度环境发生的这一变化为北汽集团进入新能源汽车领域提供了创业机会来源。从北汽集团自身发展来看，长安汽车产销规模快速增长给位列其后的北汽带来不小压力，后有奇瑞、广汽的追赶，北汽集团的发展面临很大挑战。2006年10月起，徐和谊担任北汽集团党委书记、董事长后，开始对北汽集团业务版图进行统领，提出"走集团化道路，实现跨越式发展，把北京汽车工业建设成为首都经济高端产业重要支柱和现代制造业支柱产业"发展战略，以解决困扰北汽集团发展的"散、小、乱"现状。徐和谊以"二次创业"战略启动了北汽的自主品牌汽车业务，提出并实施了构建"整车、零部件、自主研发、服务贸易和改革调整"等"五大平台"，形成轿车、商用车、越野车、新能源汽车同步发展格局。

国家和北京市出台的一系列产业政策为北汽集团进入新能源汽车领域提供了创业机会来源，北汽新能源特别是徐和谊董事长依靠敏锐的感知能力，识别到制度环境的这一变化所带来的创业机会，不仅将发展新能源汽车作为经济责任，也将其视为政治使命。2009年11月14日，为了响应北京市政府发展新能源汽车产业号召，实现电动汽车的"弯道超车"，利用制度机会，北汽集团出资组建国有全资子公司北京汽车新能源汽车有限公司，中共中央政治局委员、北京市委书记刘淇，全国政协副主席、科技部部长万钢及北京市委副书记、市长郭金龙出席公司揭牌仪式。作为北汽集团新能源汽车技术研发、资源集约以及产业整合的项目管理平台，北汽新能源是国内第一家专门从事新能源汽车研发、生产与销售的新能源汽车公司，标志着北汽集团乃至首都北京在新能源汽车产业上迈出重要一步，具有非常大的示范意义。

为了弥补涉足新能源汽车领域相对较晚、自身资源与能力不足的问题，北汽新能源积极践行"外引内联、集成创新"战略，注重外部资源整合。与国内其他新能源汽车企业相比，北汽集团介入新能源汽车研发时间较短，核心开发能力相对薄弱，为了提高产品研发速度，尽快掌握核心技术，北汽新能源自成立伊始就进行大规模资源整合，将自身发展与北京市新能源汽车产业进行紧密结合。北汽新能源承建的由北京市科学技术委员会与大兴区人民政府共建的北京新能源汽车科技产业园也于公司成立当日挂牌，该园区是北京市新能源汽车整车与新能源汽车零部件产业建设的重要载体，园区内企业将享受中关村产业园区的相关政策，北汽新能源也坐落其中。在动力电池方面，北汽新能源成立当日，由北汽集团、北汽福田、北大先行和东莞新能德共同出资设立的北京普莱德新能源电池科技有限公司也同时挂牌成立。该公司将主要生产和销售电动汽车用动力电池组、电源管理模块、动力电池系统，主要为北汽集团下属企业提供动力电池技术支持和解决方案。在电机方面，2010年12月20日，北汽新能源与中山大洋电机股份有限公司合资组建了北京汽车大洋电机科技有限公司（2011年7月份完成注册），其合作伙伴中山大洋电机股份有限公司是2000年成立、专业从事新能源车辆动力总成系统的研发、制造A股上市民营企业，这一合资公司将为北汽新能源汽车提供电机及其控制系统。至此，加上成立之初即成立的北京普莱德新能源电池科技有限公司，北汽新能源已经成为当时中国唯一一家掌握电池、电机、电控新能源汽车三大核心技术，拥有完善产业链、实现自主生产的新能源汽车企业，北汽新能源打造的"一园三公司"的产业基地模式初步确立。

虽然北汽集团在新能源汽车研发方面同国内其他企业相比起步较晚，但在北京市内有一百多家单位从事新能源汽车研究，清华大学、北京理工大学等科研院所均在开展新能源汽车研究，这为北汽新能源提供了便利的人力资源和技术资源。在坚持自主开发的同时，北汽新能源也积极与国外企业开展合作。2010年10月起，北汽新能源采用英飞凌半导体器件进行电动汽车整车控制器（VCU）的开发，在较短时间内完成了研发、测试、试验等工作，并实现了量产，应用到C30DB、M30RB等车型中。2012年12月26日，双方在北京举行联合实验室签字挂牌仪式，为北汽新能源提供硬件芯片方案以及底层软件和开发工具支持，助力北汽新能源探索更加高效的新能源汽车控制系统的集成开发流程。除了开展上述资源整合与重构外，北汽新能源也非常注重人力资源体系的建立。2007年4月，原科技部节能与新能源汽车重大项目咨询专家组专家林逸担任北汽集团副总工程师，并于2009年开始负责筹建北汽新能源公司，并担任董事长一职。2010年4月，美国通用汽车公司全球研发中心先进车用电池制造方向高级研究员原诚寅加盟北汽新能源担任产品工程院副院长，同时担任北京普莱德新能源电池科技有限公司副总裁，整体负责新能源汽车有关动力电池总成的相关事务。原诚寅已入选北京市第三批"海聚工程"。2010年5月，曾在美国艾默生电器、通用电气担任高级工程师，拥有美国汽车工程师协会（SAE）、美国电气工程师学会（IEEE）高级会员，全国微特电机（永磁电机）标委会委员等众多头衔并入选中组部"千人计划"国家特聘海外专家的廖越峰加入北汽新能源并担任总工程师。高端人才的加入极大地提高了北汽新能源研发水平。截至2011年年底，北汽新能源已拥有近200人的研发队伍（产品工程院）。同时，通过与国内外合作伙伴的合作，研发团队也吸收了相关知识，在合作中学习、提高，坚持自主开发。为了强化员工学习能力，北汽集团每年对管理层进行技术、业务知识轮训，并记入档案。

利用自身的整合能力，通过与国内外合作伙伴开展合作，通过上述外部资源的整合，北汽新能源很好地利用了制度机会，成功进入新能源汽车市场。这一阶段，北汽新能源快速掌握电池与整车匹配、电驱动系统以及整车控制系统三大核心技术，完成了多个整车开发项目，并实现了产品交付使用。2010年12月20日，基于萨博整车技术平台的纯电动轿车Q60FB以及基于北汽集团自主品牌平台开发的C30DB和M30RB纯电动轿车下线，并交付到北京市公安局等单位试验运行，拉开了北汽新能源纯电动汽车示范运行的序幕。2012年4月13日，北汽新能源向公务和私人用户交付500辆E150EV纯电动汽车，该车最高时速120千米，单次充电续航里程约160千米。4月19日，也就是在国务院《节能与新能源汽车产业发展规划（2012—2020年）》通过后一天，全国政协副主席、科技部部长万钢来到北汽新能源就北京市新能源汽车示范运行工作进行调研，并体验了北汽新能源自主研发的C70GB等多款新能源汽车。当日，北汽新能源向平谷和密云交付100辆E150EV出租车投放市场，万钢部长出席交车仪式，这也传递出明确信号，纯电驱动为新能源汽车发展和汽车工业转型的主要战略取向。这次纯电动新能源出租车投放后，北汽新能源在北京延庆、房山、平谷、大兴、密云、怀柔、昌平7个区，实际投入示范运营的纯电动新能源示范运营车辆已超过700辆，其中单车最高行驶里程已经超过5万千米，初步实现了新能源汽车产业化运营并为后续发展奠定了技术、产品与市场基础。

二　因势而动：发力私人市场（2013—2014年）

在这一阶段，新能源汽车制度安排开始由产业规划进一步向推广应用转变，制度工具主要集中在购买补贴、税费减免方面，侧重点在于引导消费，促进产业链形成与发展。为促进新能源汽车产业发展，2013年8月，国务院印发《国务院关于加快发展节能环保产业的意见》，进一步明确加快新能源汽车技术攻关和示范推广。2013年9月，国务院印发《大气污染防治行动计划》，大力发展新能源汽车，新能源汽车产业地位不断提升。为了促进私人领域，2013年9月，财政部等四部委发布《关于继续开展新能源汽车推广应用工作的通知》，明确依托城市推广应用新能源汽车，要求示范城市或区域中特大型城市或重点区域进行新能源汽车推广应用，对示范城市推广量和补贴标准进行了明确。2014年1月、2月，财政部等四部委对新能源补贴退坡力度进行了调整，并公布了第二批新能源汽车示范城市。为了进一步降低消费者购买成本，2014年8月，财政部等三部门发文对新能源汽车免征车辆购置税，进一步降低消费者购买成本。10月，工信部、发改委、科技部等七部委联合发布《京津冀公交等公共服务领域新能源汽车推广工作方案》，对京津冀地区公共交通服务领域新能源汽车推广、充/换电站以及充电桩的推广建设进行了目标确定，推动新能源汽车市场化运行。此外，针对电动汽车使用环节的电价和充电设施问题，发改委和财政部等四部委分别于2014年7月和11月发布了相关制度。北京市方面，为了推进新能源汽车示范推广，2013年11月，决定对示范应用新能源小客车指标单独配置，并于2014年1月做出个人示范应用新能源指标占年度指标配额的50%的规定。同月，北京市对个人购买纯电动小客车（仅包含电动汽车及燃料电池汽车）根据续航里程给予6.3万—10.8万元不等的补助。国家以及北京市对新能源汽车重视程度不断提高，在需求侧、供给侧出台了一系列政策，为相关企业提供了广阔的市场机遇。

国家与北京市对私人购买新能源汽车提供补贴和减免税费，对私人新能源汽车市场起到了拉动作用，这一制度环境的演进为北汽新能源提供了新的机会。2013年,北汽新能源利用北京市政府为其提供的500个指标,开始试水私人市场。北京市购车用户不但可以享受政府财政补贴,还不用参加摇号,北京电力公司可以为拥有私人车库的车主修建充电桩。但受动力电池等新能源汽车核心技术成熟度低的限制,北汽新能源的市场推广和销量提升受到很大制约。2013年原计划实现新能源汽车销售3000辆,力争突破5000辆的目标没有实现,2013年仅推广销售1628辆,其中私人市场仅销售126辆。电池核心技术不成熟、储能效果差所带来的车辆续航里程受限阻碍了新能源汽车产品市场化,北汽新能源需要进一步突破新能源汽车核心技术。为了尽快突破电动汽车核心技术瓶颈,北汽新能源开展筹建北汽新能源汽车股份有限公司,引入新的合作者,并将其作为合资、合作的新平台。为此,从2012年开始,北汽集团已经开始接触德国西门子、韩国SK等新能源汽车零部件巨头,寻求合资、合作,以提高技术能力。

2014年3月12日,北汽新能源调整为由北汽集团发起,北京工业发展投资管理有限公司、北京国有资本经营管理中心和北京电子控股有限责任公司等其他三家国有企业参股的股份制公司,四家单位分别控股60%、25%、10%和5%。调整后的北汽新能源公司成为北汽集团二级子公司,注册资本也由3亿元提高至20亿元。以此为基础,北汽新能源开展了大范围的外部资源整合和重构活动。在动力电池方面,2013年12月,北汽集团、北京电控、SKI三方共同投资设立北京电控爱思开公司(BESK),采用引进消化吸收再创新方式生产动力电池包,借助韩国SKI所拥有的电池研发优势,提升动力电池水平,在消化吸收SKI电池核心技术后进行自主研发,共同开发满足新一代新能源汽车发展需求的技术和产品。在电控系统方面,2014年1月,北汽集团入股美国Atieva公司(美商源捷有限公司)并成为其第一大股东,该公司向整车与电池企业提供电池安全管理系统以及电动汽车充电器部件,公司核心优势在于电控系统。该公司创始人谢家鹏自称是特斯拉的创始董事之一，曾主管特斯拉电池系统研发，这一入股可以进一步提高电池稳定性与续航里程，并有助于北汽新能源设计、研发高端新能源汽车。在驱动电机方面，2014年4月，北汽集团与全球电驱动解决方案的创新先锋德国西门子组建合资公司——北京西门子汽车电驱动系统有限公司，公司将生产电驱动动力总成，电机的功率密度和效率将得到提高。北汽新能源在研发领域所开展的一系列资源整合和重构活动，进一步提高了其动力电池、驱动电机和电控领域的技术水平，从而为产品技术迭代提供基础条件，助力新产品开发。

为了进一步扩展私人客户市场，北汽新能源在营销领域也开展了一系列重要举措。北汽新能源运用互联网思维，利用线上线下渠道进行全维度营销。2014年3月，北汽新能源与京东商城达成战略合作，合作内容为设计共同推广新能源汽车、在新业务新技术领域进行联合投资、共建战略合作平台、共享客户资源、开展联合营销、共同拓展后汽车市场以及合作推进末端物流纯电动车共同开发和推广等，在战略、业务层面达成多项合作和资源共享。与此同时，为了更好地服务私人市场、进行市场开拓，北汽新能源汽车股份有限公司在成立后，便着手准备成立销售公司。2014年5月10日，北汽新能源成立北汽新能源营销公司，这标志着北汽新能源对私人用户市场的重视程度有了进一步提高。为了强化区域市场推广能力，北汽新能源开始与国内经销商集团展开合作。2014年9月12日，北汽新能源与国内经销商集团庞大汽车贸易集团合资成立北汽庞大新能源汽车销售（北京）有限公司，合资公司注册资金500万元，双方分别占比51%和49%。新公司为北汽新能源京津冀区域市场的营销管理平台，承担用户体验管理、智·惠管家服务、大客户营销等三大核心职能，大大增强了北汽新能源在京津冀的渠道能力，更好地进行市场推广。

北汽新能源也积极创新营销举措，拓展商业模式。2014年4月

20日，北汽新能源与庞大集团和华商三优（国家电网直属企业）共同签署新能源汽车市场推广协议，整合新能源汽车生产、销售与充电服务。2014年6月5日世界环境日，北汽新能源联合中央精神文明办、北京市委宣传部、北京市科委、北京市环保局等中央和北京市有关部门共同启动"卫蓝先锋"行动计划，倡导消费者购买新能源汽车并进行绿色出行。北汽新能源对500名购买E150EV的"卫蓝先锋"，在国家和北京市购车补贴基础上，再提供5.1万元购车补贴，即消费者仅需要支付8.48万元就能购买到E150EV。该"计划"推出仅一个月，实际交车数就已经超过200辆。在这一活动基础上，北汽新能源于2014年8月6日启动"十城千辆，1元体验"，活动范围覆盖天津、青岛、南京、深圳等10个城市，客户仅需支付1元钱就可以参与抢购E150EV纯电动汽车1天体验包，这些城市的消费者均可以享受北京消费者待遇，北汽新能源正式开始征战全国市场。从区域经销商的选择上看，北汽新能源也非常注重合作伙伴价值链增值能力，其在华东选择的首批八家经销商中不仅推广理念、合作意识与厂家一致，更为重要的是，其中像常州万邦、青岛特锐德等两家企业本身还具备充电桩运营业务，有利于产业价值链拓展，便于后续产业生态系统的形成与优化。在商业模式方面，2014年6月26日，北汽新能源与富士康集团签约进军电动汽车分时租赁领域，开展电动汽车租赁、分时租赁、电动出租车等业务，双方仅用两个月时间就完成了合资公司——恒誉公司的注册和组建工作。为了解决用户充电问题，北汽新能源也积极寻求合作伙伴，组建战略合作联盟。2014年9月10日，北汽新能源与青岛特锐德草签合作协议，在统一技术标准的前提下共同推进充电设施建设和运营、充电系统和终端设计等战略和业务层面展开合作。2014年9月11日，在"十城千辆，1元体验"华东市场启动会上，北汽新能源与国电南瑞和青岛特锐德举行了战略合作协议签约仪式，大力推进充电桩建设同时，与上海挚达科技、上海循道新能源以及江苏嘉钰新能源3家公司签署协议，开展区域充电合作。通过这些合作协议的签订，北汽新能源解决了纯电动汽车充电难这一用户痛点，更好地促进了产品的推广与应用。

针对外部制度环境的演进，北汽新能源凭借自身敏锐的感知能力对机会进行快速识别，依靠整合、重构等动态能力，对外部资源开展了大范围的整合与重构，获得了充裕的资金与国内外先进技术，形成了与机会相匹配的资源基础，促进了机会利用。在发展的第一阶段，北汽通过与合作伙伴合资成立北京普莱德新能源电池科技有限公司和北京汽车大洋电机科技有限公司，掌握了新能源汽车电池、电机和电控三大核心技术，并将E150EV推向市场，但其在这些核心技术还需要进一步提升，以满足未来制度环境演进、产品升级的要求。在这种情况下，北汽新能源仍采取"外引内联"方式，通过进行股份制改制，引入北京市三家国有企业作为股东，将自身与北京市新能源汽车产业结合到一起，进行资源基础更新，形成新的合作载体。北汽新能源凭借敏锐的感知能力，快速选取合作伙伴，通过与其在技术研发与核心零部件领域开展合作，进一步提升了研发能力，推动了相关产品研发工作的开展，提高了产品性能。2014年12月26日，北汽新能源发布了两款重要产品EV200和ES210。其中，EV200是在E150EV基础上改款而来的，除了内外饰进行升级外，其动力电池由北京普莱德的磷酸铁锂电池更换为与SKI合资公司北京电控爱思开所生产的三元锂电池，电量提高到30.4度，搭载最大功率53千瓦电动机，综合工况续航里程达到了200千米，最大行驶里程超过240千米，补贴后价格仅为13.69—15.69万元，北汽新能源拥有了可与腾势（戴姆勒和比亚迪共同设立合资企业生产）相竞争的纯电动家用轿车。北汽新能源在EV200基础上也推出了出租版车型。同时上市的ES210是北汽新能源基于绅宝D70平台开发，搭载北京电控爱思开所生产的三元锂电池，综合工况续航里程至少可达到175千米，主要面向公务市场。同时，北汽新能源将原有 E150EV 车型续航提高到 160 千米，并更名为 EV160，主要面向 10 万元以下市场。采用三元锂电池的 EV200 和 ES210 车型的上市，实现产品迭代，进一步丰富了北汽新能源产品线组合，形成了面对出租车、中低价位纯电动家用车以及公务市场的产品组合，企业竞争力进一步提升。

制度环境的演进，特别是北京市出台政策开始对个人购买纯电动小客车提供补贴为北汽新能源提供了新的市场机会。而北汽新能源凭借自身动态能力，迅速调整资源基础，开展了一系列有关新能源汽车核心技术、商业模式及销售渠道方面的资源整合与重构，获取了良好的市场效益。2014 年，北汽新能源市场销量取得快速提升，全年销售 5510 辆纯电动乘用车，同比增长 238%，位列国内纯电动乘用车企业销量榜首，全国市场占有率达 18.6%，北京地区市场占有率更是高达 75%，进入全球纯电动汽车销售前四强。同时，新能源汽车核心技术的优化、提升为下一阶段企业发展奠定了技术基础。

三　因势而进：抢占市场先机（2015—2017 年）

随着前期技术积累以及示范运营活动的开展，2015 年以来中国新能源汽车制度安排开始向产业化发展进行转变，政策工具开始聚焦到市场培育、基础设施建设等需求面上，同时对产业的准入、标准管理也在不断完善。在市场培育方面，2015 年 4 月，财政部等四部委公布了 2016 年及 2017—2020 年补贴标准。5 月，财政部等三部门发布通知对新能源车船免征车船税。9 月，国务院常务会议要求各地不得对新能源汽车实行限行、限购。在基础设施建设方面，2015 年 10 月起，国务院办公厅、发改委等陆续发布文件，对电动汽车充电基础设施建设工作提出了具体意见。2016 年，财政部等部委又连续出台文件，对充电基础设施建设、运营给予奖补，明确用电价格，对充电基础设施建设提出要求。在整车企业准入方面，

2015年6月，发改委和工信部发布《新建纯电动乘用车企业管理规定》，对新建企业的准入条件做出规定，明确支持社会资本和具有技术创新能力的企业进入。这些制度的出台，一方面拉动了新能源汽车销售，促进产业化发展；另一方面推动了相关服务设施建设，制度演进从政策支持向逐步发挥市场机制转变。这一阶段，全国各主要省份和城市也纷纷出台相关制度规定，涉及供给侧、需求侧、环境侧，通过制定新能源汽车产业规划，为新能源汽车企业项目提供用地、融资、人才引进等政策，对购买新能源汽车、充电基础设施建设提供补贴，取消新能源汽车限号限行，提供停车费用减免，提供动力电池回收处理补贴等主要政策工具，促进本地新能源汽车产业发展以及新能源汽车推广应用。但这些城市政策体系并不健全，个别城市尚未出台地方配套政策。

随着国家和地方政府新能源汽车制度环境的进一步演进，制度体系更加健全，在这一系列制度安排的促进下，中国新能源汽车市场从2015年开始进入高速增长期。基于自身的市场感知能力与原有技术、产品积淀，北汽新能源敏锐地识别到这一机会，开始抢占市场先机。2015年1月，北汽新能源发布"卫蓝事业计划2.0"战略规划，在2015—2017年3年间推出11款新车，重点加大在北、上、广、深四大城市的充电战略布局，完成10000个自建公共充电设施，到2020年实现整车销售20万辆，全国市场占有率超过15%，2015年实现销售2万辆以上，并据此制定了建设包括完整的全球价值链、全产业链和全生态链在内的"一链一路"的发展路线。如果按2万辆销量目标测算的话，北汽新能源全国市场占有率将超过15%，北京市场占有率达到65%。北汽新能源的这一战略目标是在2014年完成整车销售5510辆基础上制定的，2015年销量较2014年增长了近300%，且新产品研发、充电基础设施建设等目标的挑战性非常大，在产品及技术战略上都必须有完整的产业价值链进行支撑。2016年1月，在"卫蓝行动"—"卫蓝众创"计划启动仪式上，北汽新能源又发布了"十三五"规划，提出"5615"发展目标，年产销量要达到50万辆。北汽新能源销量目标在不断提高。通过资源评估，北汽新能源现有的资金、技术、能力与产能等并不能确保该目标的实现。进一步整合资源、提升自身能力、形成产业生态链是利用这一机会、实现战略目标的关键。

为了实现战略目标，北汽新能源通过一系列资源整合和重构，自身的资源基础进行优化、提升，形成与外部资源获取、整合相匹配的资源基础。2016年年初，北汽新能源启动增资扩股工作，增资价款总额不超过30.72亿元，其中新增注册资本不超过12亿元。渤海活塞、国轩高科、欧菲光等新能源汽车产业链核心企业在这一轮增资扩股中完成对北汽新能源的认购，北汽新能源也由国有股份制公司转变为混合所有制公司。该轮融资将主要投入全球化研发体系完善、智能化工厂建设以及新能源汽车生态圈搭建中。北汽新能源增资扩股工作，一方面，响应了北京市国企改革要求，实现了股东结构多元化；另一方面，将产业上下游链条打通，强化价值链伙伴关系，形成稳定的新能源汽车生态圈。除北汽股份为集团内企业外，新认购注册资本的公司均为与北汽新能源有合作关系的新能源汽车产业链重要企业，股权结构调整后将使合作关系更加稳固，北汽新能源能够更好地利用相关资源，提升核心竞争力。2017年7月，北汽新能源完成B轮融资和员工持股，共募集资金111.18亿元，这部分资金将用于扩大生产规模，提升装备技术能力、新车型研发以及新能源汽车核心技术合作投资等。此次增资后，北汽新能源共有33家股东，合计持有公司52.97726亿股股份，其中北汽集团等8家国有及国有控股股东合计持股67.55%，员工持股0.41%，23家社会资本持股32.04%，北汽新能源仍然是一家国有控股混合所有制公司。目前北汽新能源的市值估值为280亿人民币，公司最快将于2019年实现IPO。

为了支撑销量目标的实现，在产品规划方面，北汽新能源制定了"大中小""高中低""234"产品规划布局，覆盖高、中、低档，大、中、小各个车型，续航里程在200千米内、200—300千米、300—400千米的车型供消费者进行选择，而A0级纯电动汽车是北汽新能源研发重点。为了实现这一产品规划布局，北汽新能源充分发挥自身整合与重构能力，根据自身技术提升需求，在海外布局研发中心，以整合全球研发，形成全球价值链条。2015年8月21日，北汽新能源与合作伙伴国轩高科、华东汽电合力共同打造中国第一个海外新能源汽车研发中心——北汽新能源硅谷研发中心，国轩高科与华东汽电分别在动力电池、汽车电子零部件与车联网等领域具有较强的研发能力，三方开展跨界合作，将进一步助力北汽新能源提升动力电池以及车载信息系统的技术水平。2015年9月18日，北汽新能源与德国美达（Meta）共同建立德国亚琛研发中心，双方将共同合作开发增程式电动汽车动力系统，提升新能源汽车续驶里程。2016年1月9日，北汽新能源底特律研发中心成立，底特律作为世界传统汽车城，对世界汽车发展趋势起到引领作用，该中心的成立将主要从事高性能电驱动动力总成研发。一个月后的2月22日，北汽新能源在西班牙巴塞罗那成立研发中心，将与西班牙Campos Racing公司正式合作开发包括电动赛车、跑车在内的运动车型和高性能车型。2016年4月12日，北汽新能源与德累斯顿工业大学正式签订战略合作协议，建立第五家海外研发中心——中德轻量化研发中心，双方将共同开发轻量化材料和技术。北汽新能源在不到一年的时间内，连续设立了五家海外研发中心，整合全球优势资源并进行优化配置，通过利用全球最先进技术资源，构建了包括中心层、前沿层、应用层和研究层四位一体的正向研发体系，各层级在功能定位上各有侧重，形成了从基础研究到市场化应用在内的全覆盖，初步形成了北汽新能源的全球技术研发战略布局。通过打造海外研发中心，北汽新能源可以整合利用全球资源，使得北汽新能源可以更好地吸引海外高层次研发人员的加入，接触国际前沿技术，了解海外市场信息，有针对性地提升自身能力，更加快速融入新能源汽车国际产业格局。对全球研发资源的整合也会助力北汽新能源实现产品规划布局，从而为实现战略目标奠定了坚实的人力、技术和产品基础。更为重要的是，通过建立海外研发中心，在与合作伙伴的合作过程中，北汽新能源自身研发能力、科研水平也会得到进一步提升，从而获取知识外溢产生的收益。

在产能方面，北汽新能源对生产基地也进行了全国性布局与整合。2015年4月19日，北汽新能源总投资100亿元的常州高端产业基地项目签约，项目一期工程主要依托常州英田汽车工厂进行改造升级，二期投资15亿元，实现产能5万辆，三期规划产能30万辆，使北汽新能源形成覆盖华东、辐射华南的区域影响力（见表5.1）。2016年11月，该基地具备量产条件。2015年7月，北汽新能源青岛莱西基地总装车间竣工，迈出了产能全国布局的第一步。莱西生产基地项目两期投资额为50亿元，计划2020年实现产能20万辆，当年投产E150EV和威旺307EV。依托该项目，一批动力电池、电机与电控等零部件企业也将入驻由北汽集团和莱西市政府打造的新能源汽车产业园区。2016年5月，北汽新能源获得中国首个新能源汽车整车企业生产资质核准，未来新能源汽车公告申请将不再依托北汽集团，成为独立整车生产企业。在进行产能全国布局的同时，北汽新能源与合作伙伴携手在青岛莱西和常州武进两个生产基地落户区域成立或计划成立一系列生产动力电池、驱动电机和电控系统等的零部件公司，复制形成新能源汽车完整的产业链。值得注意的是，2017年11月6日，北汽集团、康得集团和常州高新集团共同投资在常州高新区建设新能源汽车碳纤维车体及部件研发生产项目，总投资额高达120亿元，项目建成后将形成年产600万件碳纤维部件生产能力，届时北汽新能源在车身轻量化方面将进一步取得突破。同时，北汽新能源还对北汽集团下属全国12个制造基地制造资源进行盘活,北京汽车株洲分公司生产的首批新能源汽车已经下线,此外,广东增城、江苏镇江等北汽集团自主品牌工厂也都将成为北汽新能源生产基地。通过这一盘活,北汽新能源制造模式开始向轻资产、重共享转变。通过产能资源整合、重构与全国性布局,北汽新能源可以更加便利地接近市场,利用地方相关政策,发挥产业链协同优势。通过建设北京采育基地、青岛莱西基地、常州武进基地,整合北汽集团内部产能,再加上其他合作伙伴社会产能,北汽新能源在"十三五"末期整车产能突破80万辆,有效地保障其战略目标的实现。

表5.1　　　　　　　　　　北汽新能源产业布局

基地	定位
蓝谷动力系统分公司	致力于电机控制器、电驱动动力总成、电池Pack等电动汽车核心三电系统的研发、设计、制造、销售
青岛产业基地	设计年产能超过30万辆,涵盖冲压、焊装、涂装和总装四大工艺
常州产业基地	高端制造基地,达到合资汽车企业生产水平
黄骅产业基地	新能源乘用车和电动物流车制造中心
北汽新能源麦格纳智能工厂	打造面向全球开放的智能汽车共享平台,助力北汽新能源开放共享战略落地

资料来源:北汽新能源:《产业布局》,http://www.bjev.com.cn/html/about-us.html,2019年5月25日。

为了更好应对新能源汽车市场化过程中遇到的障碍,北汽新能源以共享经济为出发点,大力打造新能源汽车生态圈,充分发挥自身动态能力开展创业共创(entrepreneurial co-creation)(Shams 和 Kaufmann,2016)。2015年6月5日,北汽新能源发布"卫蓝众享A+计划",对生态圈和产业链进行全面升级,向更为宏观的"B+2C"产业生态圈进行转型,打造分时租赁、电动物流以及充电场桩三大联盟,构建完整的新能源汽车生态圈。在分时租赁领域,北汽新能源联合中进、宝驾等四家合作伙伴单位，推动共享信息平台建设，降低用户出行成本，实现绿色出行；在电动物流领域，与庞大、第一电动网等共同发起，将纯电动商用车通过分时租赁形式引入城市物流市场；在充电场桩领域，主要是联系开发商、停车场等场地提供方，通过利益众享，建设车、场、桩联动式智能充电系统，进一步提升客户充电便利性。通过建设三大联盟，北汽新能源可以充分利用各个合作伙伴的行业优势，对资源进行进一步整合利用，实现产业共进式发展。

在分时租赁领域，2015年年初，北汽新能源与工业和信息化部等5部委签署协议，利用分时租赁承担公车改革后的日常出行服务，并将其陆续推广到其他中央国家机关、宾馆、高校以及中央企业等，在助力公务车改革的同时也促进分时租赁市场的进一步发展，同时也对新能源汽车推广产生了示范和辐射作用。2015年2月，北汽新能源与富士康共同投资的分时租赁公司正式开业，其打造的"GreenGo绿狗车纷享"品牌采取平台化运营模式，北汽新能源计划将其打造成为国内最大电动汽车分时租赁公司，目前已经在北京、天津和常州开展运营。2016年3月，北汽新能源与上海北斗交大签署战略合作协议，以"分时租赁"模式开展全国合作。2017年4月8日，北汽集团旗下的华夏出行有限公司成立，其分时租赁品牌"摩范"先后在北京、昆明运营，主要面向公务和商务用车。2017年8月，北汽新能源共享汽车平台"轻享出行"上线，服务已经涵盖潍坊、沧州等三、四线城市。

在充电基础设施建设方面，北汽新能源通过引入社会资本，大力拓展合作伙伴解决制约新能源汽车发展的充电基础设施问题。截至2015年1月，北汽新能源已完成1800个私人充电设施和200多个公共充电设施的建设，而2015年前4月，北汽新能源就销售4000辆纯电动汽车，接近2014年销量的80%，充电桩已经成为新能源汽车市场快速发展的障碍点，也影响着北汽新能源销量的进一步提升。北汽新能源意识到单靠企业自身，已经无法解决充电基础设施、运营与维护。为此，北汽新能源通过社会资本整合，与利益相关方一道开展充电基础设施建设。2015年7月4日，北汽新能源和中国石化北京石油公司签署战略合作协议，利用中国石化加油站网点资源，建设新能源汽车换电站，并根据市场需求进行充电基础设施建设，对现有加油站进行"加油＋充换电"模式转变。2015年7月16日，北汽新能源与青岛特来电、冀东物贸成立了中国第一家充电合资公司——北汽特来电新能源有限公司（以下简称北汽特来电），车企、桩企与流通企业联手合作，公司以北京为突破口，搭建城市充电体系模式和网络技术平台。2016年10月29日，北汽新能源与中国石化、奥动新能源和上海电巴等合作建设的10座充换电站正式交付使用，为包括北京中心城区在内8个区的出租车提供换电服务，通过采用换电这一商业模式，可以解决电动汽车里程限制问题，具有重要的探索意义。随着配套体系的进一步成熟，这一商业模式可以拓展到分时租赁乃至私人用户领域，促进新能源汽车应用普及。2016年8月，与国家电网签署战略合作协议；10月，联合中石化等社会资源建设的首批10座充换电站交付使用，在国内率先试水营运车辆换电商业模式。随着北汽新能源事业不断扩展，其研发、生产、销售等领域亟需新的资金补充。除了基础设施外，北汽新能源还非常注重充电服务平台系统搭建。2015年4月30日，由北汽新能源打造的线上充电服务平台"充电吧"上线，可以为全国多个城市用户提供车辆充电状态和充电桩位置查询，更好地满足客户充电需求。

  通过建立海外研发中心、与合作伙伴在全价值链进行深度合作这一系列外部资源整合活动，北汽新能源的研发、市场能力得到进一步提高，产品线也在快速扩展，新产品推出速度明显加快，产品竞争力得到有效提升。2015年5月EV160改款车上市，共推出轻快版和轻秀版两款车型，北京地区补贴后售价均在10万元以下。

2015年11月，综合工况续航里程超过260千米的EU260上市，该车是基于绅宝D70开发，使用了"4合1"大总成模块，搭载普莱德生产的三元锂电池，整车电量为41.4度，这一产品的推出标志着北汽新能源在动力电池、驱动电机、电控系统与车身轻量化方面有了进一步提高。2016年4月，在北京车展期间，北汽新能源又推出了首款纯电动SUV车型EX200，该车型是基于绅宝X25打造的，综合工况续航里程达到200千米。2017年1月18日，北汽新能源开发的小型跨界电动车EC180上市，该车续航里程可达180千米，在北京市补贴后的价格仅为4.98万元和5.58万元，是消费者可以买得起的国民车。这一车型的推出，使北汽新能源进入A00级纯电动乘用车市场，可以正面与知豆D2S和众泰E200进行竞争。2016年下半年EX200车型采用北京爱思开三元锂电池没有进入国际动力电池企业目录，无法享受国家和地方补贴而被迫暂时停产。为此，北汽新能源将北京普莱德所生产的三元锂电池搭载到该车型，推出了综合工况续航里程可以达到260千米，等速续航里程超过300千米的EX260车型。2017年4月6日，北汽新能源首款B级纯电动轿车EH300上市，该车综合工况续航里程达到300千米，60千米/时等速续航里程超过380千米。2017年6月26日，北汽新能源在ARCFOX品牌体验店举行了超长续航旗舰家轿EU400的上市仪式，该车型综合工况续航里程达到360千米，60千米/时等速续航里程可达460千米，是目前续航里程最远的纯电动A级车。2017年8月16日，增加了快速充电系统，续航里程提升到200千米的升级款车型EC200也正式推出。2015年，特别是2016年以来北汽新能源新产品推出速度明显加快，产品实现了快速更新、迭代。目前，北汽新能源已经形成了EH、EU、EX、EV、EC五大产品线，更好地满足了各细分市场需求，有力地支撑了其战略目标的实现。

除了继续发力纯电动汽车市场，北汽新能源还敏锐地识别到低速电动车这一市场机会。近年来，山东等省份低速电动车发展异常迅速，国家对其进行标准化管理只是时间问题，蕴藏着巨大商机。在这一背景下，2015年12月，北汽新能源与山东宝雅签约，在德州建设经济型高速纯电动乘用车生产基地。同月，北汽新能源与山东唐骏汽车开始洽谈合作事宜，并签署合同交接数模。2017年6月，双方合作的C10HB项目车身下线。宝雅与唐骏欧铃在低速电动车领域均具有良好市场表现，北汽新能源利用这种合作关系，可以更好地向这些企业学习，通过资源整合实现机会利用。

通过资源整合，北汽新能源研发能力大幅提高，商业模式创新能力不断增强，连续推出多款产品，产业生态系统建设取得大幅进展，充电基础设施布局愈发完善，企业取得了快速发展，连续领跑国内纯电动汽车。2015年实现销售20129万辆，市场占有率提高到25.8%，销量规模位居全球纯电动汽车销量排名第四位，实现了"十二五"的圆满收官。2016年，北汽新能源实现销售51559万辆，同比增长156%，其中私人市场销量占总销量比重超过55%，连续四年蝉联国内纯电动汽车销量冠军。目前，北汽新能源已完成建设公共充电桩0.9万余个、私人充电桩1.9万个，仅北京地区就达1.2万个。总体来说，凭借自身的资源整合、重构能力，北汽新能源前瞻性地把握了新能源产业制度环境演进带来的制度机会，通过对外部资本、技术、产能等资源整合、重构，获取与机会利用相适匹配的资源，自身实现了长足的发展，抢占了市场先机。

第 六 章

案例讨论与理论模型构建

本章首先基于第三章对构念所进行的界定,对在研究过程中所收集的北汽新能源一手、二手数据进行扎根编码,结合第五章所开展的案例素描,深入挖掘制度环境、动态能力对企业创业行为的影响机理。制度环境的动态演进及其带来的市场动态性,是动态能力形成的环境特征,而环境的动态性在一定程度上驱动了企业动态能力的形成与提升。动态能力作为企业应对外部环境动态变化、获取竞争优势的能力对企业能否成功实现机会利用起到了关键作用。感知能力有助于企业快速识别、评估创业机会,对市场做出快速反应,促进机会利用,学习能力有助于企业对机会的利用,整合能力、重构能力有助于企业获取并整合外部资源,形成与机会动态匹配的资源基础。制度环境及其演进通过提供市场机制之外的激励与约束机制,对经济活动参与者的行为进行约束、规范与指引,为新创企业提供了初始创业机会,并影响其资源获取与机会利用。本章最后在对构念间影响机理进行分析基础上,提出制度环境、动态能力对企业创业行为影响理论模型。

第一节 案例讨论

一 制度环境对动态能力的影响

动态能力是企业在动态环境下产生以适应外部快速变化环境的

能力，环境的动态性是动态能力产生的具体情境与促进因素。对于战略性新兴产业，制度环境的动态演进使得产业创新过程具有动态性，进而带来市场的动态性，亦即市场变化难以预测、界限不清与产业组织形态不断变化。

制度环境及其动态演进驱动了动态能力的产生。中国新能源汽车制度环境的演进呈现出阶段性、动态性特征[①]：在基础技术与整车关键技术研究阶段（2001—2008年），制度取向主要为推动新能源汽车基础技术研发；在示范运营与产业化准备阶段（2009—2012年），制度安排开始向研发与示范运营并重转变，政策数量大幅增长，覆盖范围更广；在产业化前期（2013—2017年），制度安排开始聚焦到消费引导、基础设施建设与标准管理上。中国新能源汽车制度环境及其动态变化，为新能源汽车产业新创企业提供了发展方向指引与激励保证，促进了企业的创业活动开展，但也对企业创业行为提出了更高要求。在动态变化的制度环境下，企业如何对外部机会开展识别、评价，如何进行资源整合、重构与机会进行匹配并实现机会利用，都需要企业自身形成并且不断提升动态能力。

通过分析我们发现北汽新能源在不同发展阶段，为了适应外部制度环境动态变化，不断对动态能力进行提升，制度环境的动态变化促进了包括感知、学习、整合与重构等维度在内的动态能力的形成与提升（见表6.1）。在2009—2012年"因势而谋"的初创阶段，中国新能源汽车产业制度安排开始向产业规划与示范运营并重转变，新能源汽车被列入战略性新兴产业，同时，北京市为对接"十城千辆"工程，开始出台相关制度积极推动新能源汽车研发和应用。北汽新能源凭借敏锐的感知能力识别到新能源

---

① 刘兆国、韩昊辰：《中日新能源汽车产业政策的比较分析——基于政策工具与产业生态系统的视角》，《现代日本经济》2018年第2期。

汽车"弯道超车"机会，通过对外合作提高核心技术水平，在核心零部件领域开展资源整合，对资源进行适应性重构。在2013—2014年"因势而动"阶段，中国新能源汽车制度安排进一步向推广应用转变，政策工具主要集中在购买补贴与税费减免方面，北京市也陆续出台了有关新能源小客车指标配置和购买补贴等制度安排。国家和地方政府新能源汽车制度安排的进一步明确与完善，形成了稳定的政策预期。在这一阶段，北汽新能源意识到新能源汽车是世界汽车产业未来发展趋势，国内私人市场即将启动，为了弥补自身技术与人力资源存在的不足，北汽新能源加强与国内外产业链相关公司合作，提升人力资源素质与技术能力。根据外部制度环境变化，与韩国SK集团和德国西门子公司合资合作，提升动力电池技术能力。针对新能源汽车充电基础设施这一消费者使用痛点，与华商三优等相关企业进行资源整合。适时成立销售公司，引入战略投资进行股份制改革，完成适应新制度环境的资源重构。在2015—2017年"因势而进"阶段，中国新能源汽车制度安排开始向产业化应用进行转变，政策工具开始聚焦到消费引导、基础设施建设等需求面上，与此同时，产业标准也在不断完善，制度安排的着力点在于促进新能源汽车的产业化发展。北汽新能源意识到汽车互联网思维是转型的关键，进一步通过对外合作开展学习，通过完善产品开发流程实现知识吸收。在充换电站等制约新能源汽车市场化应用的基础设施建设运营以及新能源汽车推广方面，与中国石化、国家电网公司等进行资源整合。以技术、产能短板为依据通过盘活北汽集团内部制造资源，实现资源基础提升。

通过案例研究，可以发现北汽新能源在创业过程中所面临的制度环境具有阶段稳定与动态演进性两种比较鲜明的特征：一方面，国家和地方政府为了引导新能源汽车发展、实现产业发展目标会制定阶段性制度安排，为企业形成稳定的制度预期；另一方面，随着外部环境不断发生变化，产业价值链内部企业也在不断发展，国家和地方政府会据此对制度环境进行动态调整。企业在创业过程中面对如此复杂的制度环境，需要依靠自身动态能力适应制度环境及其动态演进。而在制度环境动态演进过程中，也为企业动态能力形成和提升提供了外部环境。具体到本案例，北汽新能源在不同发展阶段，根据外部制度环境的变化自身的感知能力、学习能力、整合能力和重构能力都相应得到了提升和发展，不断根据外部制度环境变化感知市场机会，不断学习提高自身技术能力，通过与产业链相关企业合作进行资源整合，不断对资源基础进行重构，这些能力的形成与发展离不开制度环境及其动态演进。通过形成并且提升动态能力，企业在动态演进的制度环境中可以获取更大利益，实现机会开发与利用。

综上所述，制度环境的动态演进及其带来的市场动态性，是动态能力形成的环境特征。企业通过动态提升自身的感知能力、学习能力、整合能力与重构能力，识别、获取、整合资源以实现对机会的开发与利用，而环境的动态性在一定程度上驱动了企业动态能力的形成与提升。动态能力在提高企业对制度环境做出动态反应的同时，也不断地得到自我强化，实现螺旋式提升，这与李大元和刘娟[①]、伊斯梅尔·格尔奇（Ismail Gölgeci）等的研究结果也相吻合[②]。

[①] Da-yuan Li and Juan Liu, "Dynamic Capabilities, Environmental Dynamism, and Competitive Advantage: Evidence from China", *Journal of Business Research*, Vol. 67, No. 1, 2014.

[②] Ismail Gölgeci, Jorma Larimo and Ahmad Arslan, "Institutions and Dynamic Capabilities: Theoretical Insights and Research Agenda for Strategic Entrepreneurship", *Scandinavian Journal of Management*, Vol. 33, No. 4, 2017.

表6.1 　　　北汽新能源不同发展阶段制度环境与动态能力表现

发展阶段	制度环境	典型引用语	关键词	编码结果
因势而谋 (2009—2012年)	新能源汽车产业制度安排开始向产业规划与示范运营并重转变，新能源汽车被列入战略性新兴产业进行重点推进；为对接"十城千辆"工程，防治空气污染，北京市建立新能源汽车联席会议制度，并出台相关制度积极推动新能源汽车研发和应用	从发展角度看，我认为发展汽油汽车基本没有机会，那时候很早就讲弯道超车，新能源汽车有弯道超车机会（S-OL-88）	弯道超车 市场感知	感知能力
		北汽新能源目标市场定位清晰，主要针对上下班代步、增购用户以及环保人士（S-OL-90）	市场感知 市场定位	感知能力
		现在新能源市场仍是市场培育前期，产业政策扶持很重要，我国已经具备实现新能源汽车商业化的外部条件（S-OL-92）	市场感知 环境分析	感知能力
		完善产品开发流程，结合目前采用的G8控制传统车的方式，针对新能源汽车的特点，设计了一个可持续流程（S-OL-167）	合作学习 经验借鉴	学习能力
		与北京市相关新能源汽车科研机构和企业建立合作关系，重视对外交流获得新知识（S-OL-131）	合作交流 知识获取	学习能力
		这几年我们跟国外有很多的合作，在合作中学习、提高。在实际研发中，加强对队伍的锻炼和培养（S-OL-135）	合作学习 知识吸收	学习能力
		与北京理工、普莱德公司、大洋机电等单位合作，创新地完成了新产品的试制、装配和调试（S-OL-181）	资源获取 资源整合	整合能力
		合资成立普莱德新能源电池公司、北京汽车大洋电机科技有限公司（S-OL-190）	合资公司 资源整合	整合能力

续表

发展阶段	制度环境	典型引用语	关键词	编码结果
因势而谋 (2009— 2012年)	新能源汽车产业制度安排开始向产业规划与示范运营并重转变,新能源汽车被列入战略性新兴产业进行重点推进;为对接"十城千辆"工程,防治空气污染,北京市建立新能源汽车联席会议制度,并出台相关制度积极推动新能源汽车研发和应用	与国家电网、中石化等相关企业合作,共同开发电动汽车充电设施等关键零部件(S-OL-192)	合作开发 资源整合	整合能力
		2011年北汽新能源公司充分利用北汽集团的资金投入,准备对新能源汽车的研发生产投入37.8亿元,来提高整车生产能力(S-OL-236)	资源调配 资源重构	重构能力
		加强对实验设备的硬件投入,让技术设想可以很快地进行各种试验和验证(S-OL-237)	资源调配 资源修补	重构能力
		2011年北汽集团计划对新能源汽车投入37.8亿元,用于提高整车生产能力(S-OL-239)	资金投入 产能提高	重构能力
因势而动 (2013— 2014年)	制度安排进一步向推广应用转变,政策工具主要集中在购买补贴、税费减免方面,国家对示范城市推广量和补贴标准进行了明确,形成了稳定的政策预期;2013年开始,北京市也陆续出台有关新能源小客车指标配置和购买补贴等方面的制度安排	北汽新能源汽车认识到自身存在一些局限性,比如电池技术需要革命性突破等等,因此需要不断学习(S-OL-102)	市场评估 自我感知	感知能力
		新能源汽车已经成为世界汽车产业未来发展趋势,特别是在雾霾重压之下,新能源汽车大有可为(S-OL-110)	趋势判断 市场感知	感知能力
		北汽新能源和国外合作,在合作中学习,同时加强对队伍的锻炼与培养,在实战中,提升队伍的能力(S-OL-129)	合作学习 能力提升	学习能力

续表

发展阶段	制度环境	典型引用语	关键词	编码结果
因势而动（2013—2014年）	制度安排进一步向推广应用转变，政策工具主要集中在购买补贴、税费减免方面，国家对示范城市推广量和补贴标准进行了明确，形成了稳定的政策预期；2013年开始，北京市也陆续出台有关新能源小客车指标配置和购买补贴等方面的制度安排	这将便于分析客户的特殊需要和验证不同品牌的产品，以在消费中取得大量的经验。从这些经验出发，可以有针对地提高核心技术和整车的研发技术，从而加速产品的升级和投放，满足从家庭纯电动车到高端纯电动车的产品布局（S-OL-140）	经验学习 产品升级	学习能力
		与韩国SK集团和德国西门子公司合资合作，为北汽电动轿车进行设计开发和生产配套（S-OL-192）	资源组合 战略合作	整合能力
		与华商三优、国电南瑞、深圳巴斯巴等公司战略合作，为新能源客户提供充电桩技术、产品及服务（S-OL-196）	战略合作 产品提供	整合能力
		北汽新能源加大营销的力度，专门成立负责营销和服务的营销部（S-OL-241）	资源配置 资源修补	重构能力
		北汽新能源引入战略投资，计划50亿元用于新能源汽车产能建设、新产品和技术研发，资本布局成型（S-OL-245）	资源配置 资源修补	重构能力

续表

发展阶段	制度环境	典型引用语	关键词	编码结果
因势而进（2015—2017年）	制度安排开始向产业化应用进行转变，政策工具开始聚焦到消费引导、基础设施建设等需求面上，限购、限行城市的购车，用车便利性得到提升；产业标准也在不断完善，制度安排的着力点在于新能源汽车的产业化	徐和谊认识到企业要想立足于市场，必须保持技术领先，汽车互联网思维是转型的关键（S-OL-117、S-OL-118）	市场感知 市场反应	感知能力
		北汽新能源正式发布换新基金，对置换北汽新能源纯电动汽车的车主提供补贴（S-OL-123）	市场感知 购买补贴	感知能力
		北汽新能源与大洋电机、韩国SK电池、德国西门子等国际一流企业展开深度战略合作，加快新能源汽车的技术提升（S-OL-161）	深度合作 技术提升	学习能力
		完善产品开发流程，结合目前采用的G8控制传统车的方式，我们采用了针对新能源汽车的特点，有了一个可持续流程（S-OL-167）	知识转化 思维创新	学习能力
		北汽新能源和中国石化北京石油合作，双方充分利用石油加油站资源，建设新能源汽车充换电站（S-J-216）	创业共创 资源整合	整合能力
		北汽新能源与国网电动汽车公司合作，充分发挥资源优势，共同推广新能源汽车、开拓市场（S-J-225）	优势互补 共同开拓	整合能力
		盘活北汽集团制造资源，实现轻资产、重共享的新型制造模式，株洲分公司也完成了首批新能源产品的下线（S-OL-256）	盘活资产 模式创新	重构能力
		加大研发投入，通过集成创新生产与世界级汽车水平相近的纯电动汽车（S-OL-262）	资源修补 资源调配	重构能力

二 动态能力对企业创业行为的影响

动态能力作为企业应对外部环境动态变化、获取竞争优势的能力,对企业机会识评,资源识别、获取、整合与机会利用等机会资源一体化行为有着重要的影响。北汽新能源能够迅速捕捉制度环境演进提供的创业机会,通过不断整合资源提高自身技术、研发与市场能力对机会加以利用,正是依靠自身动态能力连续实现纯电动汽车国内销量第一的经营业绩(见表6.2)。通过案例分析,本研究发现感知、学习、整合和重构等不同维度的动态能力对创业行为的影响路径如下(见表6.3)。

表6.2　北汽新能源不同发展阶段创业行为及典型引用语举例

发展阶段	典型引用语	关键词	编码结果
因势而谋 (2009—2012年)	北京市为了环境治理,需要调整产业结构,发展新能源汽车是重要调整方向;电动汽车政府政策支持力度大,前景广阔(F-I-126) 通过调研发现在北京市大概有60%—70%的上班族上下班都是短距离通勤,对纯电动汽车的需求量很大(S-J-46)	市场感知 市场评估 市场定位	机会识评
	北京普莱德为北汽新能源提供电动汽车电池技术支持和解决方案(S-N-55) 北京新能源汽车科技产业园通过吸引优质的新能源零部件厂商,为新能源汽车整车的生产提供配套(S-J-56)	合资合作 生产配套	资源获取
	2010年北汽新能源电动汽车整车控制器利用英飞凌半导体器件实现批量生产,取得了良好的示范运行效果(S-N-68) 2011年北汽新能源汽车公司在萨博整车平台的基础上完成了纯电动轿车的小批量生产(S-J-69)	资源组合 整合提升	资源整合
	2012年4月,向公务和私人用户交付500辆纯电动汽车,100辆E150EV出租车投放市场,具备年产4万辆新能源汽车的产能(S-N-12)	市场进入 产能扩张	机会利用

续表

发展阶段	典型引用语	关键词	编码结果
因势而动（2013—2014年）	2013年9月，四部委确定第一批28个新能源汽车推广应用城市或区域，北京市也于2014年1月对个人购买纯电动小客车提供补贴，新能源汽车私人市场启动；北汽新能源找到了两大细分市场：E150EV满足私人消费，威旺307EV满足企业客户需求（S-J-48）	市场启动 市场细分 市场定位	机会识评
	控股Atieva，与韩国SK集团和德国西门子公司组建合资企业，为北汽电动轿车进行设计开发和生产配套，提升新能源汽车核心零部件技术水平（S-J-59）与国家电网、中国普天集团合作，构建完善的充电网络（S-J-60）	合资公司 配套资源	资源获取
	北汽新能源与英飞凌科技亚太有限公司在电动汽车控制系统方面合作，在纯电动汽车电控技术上的突破使EV200在电机、电池两大核心技术基础上拥有了更高效、更安全、更强大环境适应能力（S-N-57）	合作提升 技术突破	资源整合
	在驱动电机、电池技术取得突破的基础上，北汽新能源推出续航里程超过200千米的EV200和ES210，可以很好满足客户日常需求。2014年销量超过5000辆，市场占有率达18.6%（S-N-22）北汽新能源利用卫蓝先锋行动的活动，获得了短短三个月销售超过2000台的佳绩（S-J-23）	产品上市 销量提升	机会利用
因势而进（2015—2017年）	京津冀区域经济一体化发展已成为国家战略，生态环境保护与产业升级均是主要突破方向。发展新能源汽车是北汽集团加速战略转型、实现快速发展的战略选择（S-J-50）北汽新能源意识到新能源汽车不单单是单纯的研发、生产和销售，还要打造良好的消费生态圈实现可持续发展（S-N-52）	机会感知 市场评估 市场反应	机会识评

续表

发展阶段	典型引用语	关键词	编码结果
因势而进 (2015— 2017年)	乐视将为北汽新能源汽车提供动力系统、智能操作系统和车联网系统的核心技术支持（S-N-61） 与松下达成合作，合作生产的零部件将供应给北汽新能源汽车公司（S-N-63）	技术支持 资源供应	资源获取
	利用规划研发中心，北汽新能源将整合美国Atieva，意大利Cecomp、Azari，德国西门子以及韩国SK等合作伙伴技术资源，实现研发基地全球化（S-N-82）	研发整合 合资公司	资源整合
	北汽新能源获取首个新能源汽车"准生证"，成为第一家被核准生产新能源汽车的整车生产企业（S-N-39） 2015年销售整车20129辆，占有率高达24.2%（S-N-36）	生产资质 市占率高	机会利用

表6.3　　　　　动态能力对企业创业行为的影响路径

发展阶段	典型引用语	关键词	动态能力对创业行为影响路径
因势而谋 (2009— 2012年)	北汽新能源调查发现，北京市有60%—70%的上班族是短距离通勤，电动汽车潜在需求量大（S-N-94）	调查发现 潜在需求	感知能力促使企业快速识别创业机会
	北汽新能源选择北京出租车市场开展示范运营，加快新能源汽车产业化和市场化进程（S-J-318）	示范运营 产业发展	
	通过合资合作，北汽集团成为目前国内唯一一家掌握电池、电机、电控三大核心技术，产业链完善，可以实现自主生产的新能源汽车企业（S-N-158）	资源整合 自主生产	整合能力使企业可以快速获取所需资源
	合资组建北京汽车大洋电机科技有限公司后，北汽集团成为目前唯一一家掌握电池、电机、电控新能源汽车三大核心技术的汽车企业（S-N-313）	合资公司 核心技术	

续表

发展阶段	典型引用语	关键词	动态能力对创业行为影响路径
因势而谋（2009—2012年）	北汽新能源在汽车基地建立初期，积极联合零部件供应厂商以合资公司方式进驻产业园区（F-M-222）	产业配套合资公司	整合、重构能力可以将获取资源、能力进行重新配置
	成立两年来，组建了一支高端技术和管理人才队伍，联合了一批潜在投资主体，谋定后动（S-J-284）	资源组合整合提升	
	我们非常注重研发队伍与国内外大公司的交流与合作，通过学习培养和锻炼队伍，将设想在研发过程中进行体现（S-J-136）	交流学习锻炼队伍	学习能力促使企业快速掌握核心技术，实现机会利用
	联合实验室基于整车控制器平台联合开发，探索更加有效的新能源汽车控制系统的集成开发（S-N-162）	核心技术联合开发	
因势而动（2013—2014年）	北汽新能源意识到在雾霾重压之下，新能源汽车将大有可为，抓住机遇积极进行全国市场布局（S-J-103）	抓住机遇市场布局	感知能力促使企业快速识别创业机会
	北汽新能源汽车发展促进中心主任认为消费者对新能源汽车的认知需要一定时间，预计新能源汽车至少在两年内不会出现爆发式增长（S-J-126）	消费认知市场预测	
	与北京三优、国电南瑞等公司战略合作，为客户提供充电桩技术、产品及服务（S-N-201）	战略合作充电技术	整合能力促使企业获取与机会相匹配的外部资源
	北汽新能源与庞大集团联合，利用庞大集团营销网络资源，共同推进北汽新能源渠道建设（S-N-235）	营销网络渠道建设	

续表

发展阶段	典型引用语	关键词	动态能力对创业行为影响路径
因势而动（2013—2014年）	北汽新能源加大营销力度，专门成立营销部负责营销和服务（S-J-279）	加强营销新建部门	重构能力使企业对资源进行修正、补充，形成新的资源基础
	成立国内首家股份制新能源汽车公司，注册资本增加至20亿元，技术合作、股权合作以及合资公司将会陆续浮出水面（S-N-348）	增加资本合作合资	
	利用互联网思维进行商业模式创新，建立全维度营销渠道，改变消费者固有观念（S-J-144）	创新思维商业模式	学习能力将外部知识进行转化、利用，促进机会利用
	北汽新能源吸引大量专家、学者教授等精英研发管理人才，通过合资组建电池公司和电机公司（F-M-323）	专家学者组建公司	
因势而进（2015—2017年）	北汽新能源判断新能源汽车市场推广将主要面临资金、基础设施、运营模式三重障碍（S-N-116）	市场推广三重障碍	感知能力增强企业政策环境敏感性，促进机会识别
	启动1.8亿"换新基金"，推出行业内首个纯电动汽车置换补贴，吸引用户置换（S-N-125）	换新基金置换补贴	
	北汽与松下达成合作协议，双方将合作生产的零部件供应给北汽新能源使用（F-M-256）	合作协议零件供应	整合能力为企业实现机会利用提供资源基础
	通过海内外三大研发中心，整合国内外人才与技术，实现技术、服务与商业模式创新（S-N-309）	研发中心资源互通	
	通过开展增资扩股，吸引渤海活塞、国轩高科的入股，补充资金、提升合作深度，实现以资本关联打通全产业链布局（S-J-347）	增资扩股资本关联	重构能力可以为企业提供与机会相匹配的资源基础
	北汽新能源通过搭建两院、两中心、两平台，继续加大研发力度（S-N-294）	组织重构强化研发	

续表

发展阶段	典型引用语	关键词	动态能力对创业行为影响路径
因势而进（2015—2017年）	在掌握三大关键核心技术基础上，仍不断合作学习，强化自主研发能力（S-N-214）	关键技术合作学习	整合与学习使企业不断构建与机会相匹配的资源、能力基础，促进机会利用
	北汽新能源汽车平时会有产品培训、研发培训、电池系统培训、电控系统培训等，提升相关人员技术水平（F-M-195）	内部培训技术提升	

感知能力有助于企业快速识别、评估创业机会，对市场做出快速反应，促进机会利用。制度环境及其演进所提供的创业机会，对于企业而言是一种外在的客观存在，企业能发现这种机会价值需要其具备敏锐的感知能力。在2009—2012年"因势而谋"的初创阶段，相对于国内其他企业而言，北汽集团在2007年承担863计划项目时才开始涉足新能源乘用车领域，技术、资源相对匮乏，对初始创业机会的识评所依靠的正是董事长徐和谊以及其他技术专家等人敏锐感知能力对制度机会的把握。在2013—2014年"因势而动"阶段，新能源汽车产业已经形成稳定的制度预期，政策工具主要集中在购买补贴与税费减免方面，北汽新能源意识到新能源汽车私人市场即将启动，发展前景广阔，抓住机遇积极进行全国市场布局。在2015—2017年"因势而进"阶段，北汽集团新能源对汽车市场即将进入快速增长期这一机会进行了适时识别与利用，同山东宝雅、唐骏欧铃展开合作提前布局低速电动车。同时，推出行业内首个纯电动汽车置换补贴，用于促进消费者购买新能源汽车。北汽新能源之所以能够对机会进行快速识别、评价，所靠的都是其敏锐的感知能力。此外，感知能力还可以使新创企业保持市场敏感性，深度挖掘客户需求，通过构建新的商业生态系统提供创造性解决方案，在满足客户需求的同时

实现机会利用。

学习能力有助于企业对机会的利用。企业对外部人力、技术、研发与生产等资源的获取与整合，为其提供了大量的新知识与互补性知识获取渠道与触点。企业通过对内外部知识的有意识获取与内化，可以将其转化到组织运行过程中，优化流程模式，使企业的知识储备始终与运营需求相匹配，提升企业研发与技术能力，提高产品投放速度，促进机会利用。在2009—2012年"因势而谋"的初创阶段，北汽新能源就吸收了大量高端人才，通过与国内外高端合作伙伴开展深度合作，有针对性地对核心技术和整车研发能力进行提高，人才队伍得到快速提升，产品开发能力不断提升。在2013—2014年"因势而动"阶段，北汽新能源吸引大量专家、学者教授等精英研发管理人才，组建相关合资公司，利用互联网思维进行商业模式创新，适应了新能源汽车产业发展需求。在2015—2017年"因势而进"阶段，北汽新能源在公司内部建立了系统的培训机制，开展产品、研发、电池系统、电控系统等培训，提升相关员工技术水平，在掌握三大关键核心技术基础上，仍不断合作学习，强化自主研发能力。在案例分析过程中，还发现学习能力具有自强化机制，企业通过学习所积累的经验与惯例对现有知识进行补充、更新，在促使企业自身不断成长的同时也为其提供了竞争优势来源。

整合能力、重构能力有助于企业获取并整合外部资源，形成与机会动态匹配的资源基础。制度环境及其演进为新能源汽车产业所提供的创业机会具有典型的"弱市场—强政府"特征，产业发展对制度环境所提供的激励措施高度依赖，市场体系不完善、配套体系不健全，资源相对匮乏。在这种环境下，北汽新能源的整合与重构能力主要包括以下内容：以机会开发为目标，基于企业现状，快速、有效获取企业所需资本、技术、研发与产能等关键资源，对资源与能力进行重新配置。在2009—2012年"因势而谋"的初创阶段，北汽新能源利用强大的资源整合与重构能力快速获取动力电池与驱动电机资源，获取系统集成、整车控制电驱动等核心技术，实现商品化。在 2013—2014 年"因势而动"阶段，随着机会变化及其对资源需求的提升，北汽新能源开始与德国西门子、韩国 SK、北京三优、国电南瑞等产业链相关公司开展深度合作，构建新的对外合作平台，动态整合海外动力电池、电驱动与研发资源，实现产品优化升级，成立新的销售公司，将注册资本增加至 20 亿元，引入战略投资，形成可以利用制度机会的资源基础。在 2015—2017 年"因势而进"阶段，北汽新能源继续在新能源汽车充电设施建设与推广领域强化与产业链相关公司合作，盘活集团内部现有资源，通过开展增资扩股，吸引渤海活塞、国轩高科的入股，补充资金、提升合作深度，实现以资本关联打通全产业链布局，提升对创业机会利用能力。以整合和重构两种维度为表征的动态能力有助于企业整合、重构内外部人力、技术、知识等资源，对企业资源基础进行转化、配置，与机会进行动态匹配[①]。

综上所述，动态能力有助于企业在动态演进的制度环境中快速识评创业机会，感知市场并且深度挖掘客户需求，根据创业需要有选择性地对外部资源进行整合、重构，根据创业机会变化不断对资源进行配置并对资源基础进行重构，获取所需资源，提升技术研发、市场推广等关键领域能力，形成与制度机会相匹配的资源与能力基础，实现机会开发与利用。在动态演进的制度环境中，企业发现创业机会、快速获取创业所需资源、快速掌握关键核心技术，所依靠的都是自身的动态能力。制度环境的动态变化，在某种程度上也要求必须对自身的动态能力进行持续的提升，只有这样才能在复

---

① 蔡莉、尹苗苗：《新创企业资源构建与动态能力相互影响研究》，《吉林大学社会科学学报》2008 年第 48 期。

杂的竞争环境中利用制度环境所提供的创业机会。动态能力对企业市场表现会起到积极的促进作用，是企业获取持续竞争优势的重要保证[1]。

三 制度环境对企业创业行为的影响

制度环境作为创业环境的重要组成部分，通过塑造政治、社会和经济激励结构，进而影响新创企业对创业机会与资源的获取（Hwang 和 Powell，2005）。新能源汽车开始在真正市场化之前，该领域新创企业面临的制度环境具有典型的"强政府—弱市场"特征[2]：一方面，政府通过干预资源配置、对市场主体的行为进行引导，培育市场；另一方面，市场主体在制度环境约束下，逐步根据价格信号进行资源配置，进而使产业发展步入正轨；在这两种因素中，政府主导的制度演进起主要作用。纵观中国新能源汽车产业发展历程，可以发现中国中央和地方政府通过相关制度安排及其演进为这一领域中的创业者提供了机会信号与方向指引，利用政策工具的不断变化对企业创业行为进行引导与影响，通过"激励"与"约束"双重机制促进了创业者在这一领域开展创业活动。

制度环境及其演进影响对新创企业机会资源一体化行为的影响路径及作用机理如下（见表6.4）。

---

[1] Jorge Ferreira, Arnaldo Coelho and Luiz Moutinho, "Dynamic Capabilities, Creativity and Innovation Capability and Their Impact on Competitive Advantage and Firm Performance: The Moderating Role of Entrepreneurial Orientation", *Technovation*, Vol. 92 – 93, No. 4 – 5, 2020.

[2] 蔡莉、鲁喜凤：《转型经济下资源驱动型与机会驱动型企业创业行为研究——基于机会与资源的整合视角》，《中山大学学报》（社会科学版）2016年第56期。

表6.4 制度环境演进下北汽新能源机会资源一体化行为及创业绩效

发展阶段	标志性制度	机会资源一体化行为	典型例证	创业绩效
因势而谋（2009—2012年）	2001年：863计划电动汽车重大科技专项 2006年："十一五"863计划节能与新能源汽车重大项目 2009年：《关于开展节能与新能源汽车示范推广试点工作的通知》 2010年：《关于开展私人购买新能源汽车补贴试点的通知》 2011年：《关于促进战略性新兴产业国际化发展的指导意见》 2009年：《北京市振兴发展新能源产业实施方案》 2011年：《北京市纯电动汽车示范推广市级补助暂行办法》	敏锐捕捉到制度环境带来的初始创业机会，成立国内第内第一家新能源汽车公司，建立合资公司迅速布局动力电池与电机等核心零部件，形成机会利用的资源基础	市委市政府当时明确指示，北汽干新能源汽车不仅是经济责任，也是政治责任（S-OL-338）；电动汽车发展前景广阔，政府政策支持力度大（F-I-126）2009年11月，北汽控股、北汽福田、北大与东莞新能德共同出资设立（S-N-271）；2010年12月，北汽新能源与大洋电机合资挂牌成立北京汽车大洋电机科技有限公司（S-J-181）	开发了Q60FB中高端纯电动轿车、C30DB A0级两厢电动车以及M30RB纯电动多功能车；2012年4月，首批500辆E150EV交付使用

续表

发展阶段	标志性制度	机会资源一体化行为	典型例证	创业绩效
因势而动（2013—2014年）	2013年：《关于继续开展新能源汽车推广应用工作的通知》 2013年：《国务院关于加快发展节能环保产业的意见》 2014年：《关于加快新能源汽车推广应用的指导意见》 2014年：《关于进一步做好新能源汽车推广应用工作的通知》 2013年：《北京市小客车数量调控暂行规定》实施细则（2013年修订） 2014年：《北京市示范应用新能源小客车管理办法》 2014年：《北京市电动汽车推广应用行动计划（2014—2017年）》	感知到现有能力、资源与示范推广加速所带来的机会不相匹配，引入新的合资方成立股份公司，构建对外合作新平台，对资源进行重新构建与匹配	北汽集团正在筹建北汽新能源汽车股份有限公司，这主要为了在新能源领域"两条腿走路"，突破制约电动车发展的核心问题；2014年3月，北汽新能源变为由北汽集团发起、北京国有资本经营管理中心等其他三家公司参股的股份制公司（F-I-49）	2014年，北汽新能源实现销量5510辆，市场占有率达18.6%，进入全球纯电动汽车销售前四强

续表

发展阶段	标志性制度	机会资源一体化行为	典型例证	创业绩效
因势而进（2015—2017年）	2015年：《中国制造》 2015年：《关于2016—2020年新能源汽车推广应用财政支持政策的通知》 2015年：《新建纯电动乘用车企业管理规定》 2015年：《关于加快推进新能源汽车在交通运输行业推广应用的实施意见》 2016年：《关于"十三五"新能源汽车充电基础设施奖励政策及加强新能源汽车推广应用的通知》	对机会进行动态识评，增资扩股，加快海外研发基地与国内生产基地布局，打造新能源汽车生态圈，创新关键资源获取模式，对资源进行适应性升级、优化	北汽新能源以先锋之姿，携手各个有志于环保的合作伙伴，共同成立了分时租赁联盟、电动物流联盟以及充电场桩联盟，三大联盟（A+）的成立代表着一个全新的新能源汽车完整生态圈的建立（S-N-210） 总计12亿元的北汽新能源本轮新增注册资本已经由多家投资方以现金方式认购。其中，渤海活塞、国轩高科以及北京汽车相继通过对北汽新能源的增资认购，成为北汽新能源的新股东（S-OL-40）	2015年，实现销量20129万辆，2016年实现销量51559万辆，继续领跑国内纯电动汽车市场

（一）制度环境影响新创企业对创业机会的识别与评估

在制度环境及其演进过程中，相关制度安排会为企业创业行为提供机会信号与方向指引，企业对创业机会的识别与评价会相应受到影响。从2001年开始，中国政府出台了一系列制度安排，促进新能源汽车研发、示范应用与市场化，并将其列入战略性新兴产业。与此同时，北京市政府将解决空气污染问题作为一项重大政治任务，开始出台制度安排，大力支持促进新能源汽车产业发展。在制度环境与国有企业政治责任的双重影响下，为实现"弯道超车"，北汽新能源识别了这一创业机会。此时北汽集团刚刚涉足新能源乘用车研发，初始资源非常匮乏，其创业行为是典型的制度机会驱动型创业。除了制度因素外，北汽新能源对这一机会的初始识评还受到以下因素影响：（1）感知能力：徐和谊董事长认准的事情会协调集团资源全力推进，而"纠结太多容易错过机会"；（2）资源现状：传统能源乘用车积累较少，实现跨越式发展需要寻找新的增长点，在新领域发力；（3）技术潜力：林逸、詹文章等业内专家加入，增强了徐和谊等决策者的技术信心。在成立之初，新能源汽车产业链尚未健全、要素市场并不完善，北汽新能源着眼长远，采取了资源拼凑方式，创造性整合外部资源，成立合资公司以快速掌握电池、电控等核心技术，同在制度环境压力下发展的相关企业为其创业资源的获取提供了便捷。随着制度环境的不断演进，企业对机会的识别与评估也在不断地进行适应性调整。2013年开始，中国新能源汽车制度安排开始进一步向推广应用转变。2014年1月，北京市个人购买纯电动小客车补贴标准正式落地，北汽新能源意识到新能源汽车市场前景广阔，积极进行全国市场布局。可以发现，制度环境及其演进通过释放不同的机会信号，利用激励与约束机制的变化，影响新创企业对创业机会的识别与评估。

（二）制度环境影响新创企业资源获取与整合行为

制度环境及其演进通过提供不同的激励与约束机制，对企业如何获取资源以及对资源进行相应整合并与机会相匹配会产生直接影响。在2009—2012年"因势而谋"的初创阶段，中国新能源汽车产业制度安排开始向产业规划与示范运营并重转变，而此时与国内其他汽车企业相比，北汽集团进入新能源汽车领域相对较晚。为此，北汽集团发起并设立中国首家独立运营的新能源汽车企业——北京新能源汽车有限公司，完成资源重构。在成立之初，北汽新能源为了获取新能源汽车核心技术与零部件供应，与北京理工大学等高校和科研院所展开合作，外引内联，加强多方合作，先后成立北京普莱德新能源电池科技有限公司、北汽大洋机电科技有限公司，通过资源整合获取动力电池、驱动电机系统与整车控制系统等新能源汽车核心技术。在2013—2014年"因势而动"阶段，中国新能源汽车制度安排进一步向推广应用转变，为了构建全新对外合作平台，北汽新能源变更为北汽集团发起、北京工业发展投资管理有限公司等企业参与的股份制公司。为了进一步提升新能源汽车核心技术水平，北汽新能源先后与韩国SK、德国西门子分别成立北京电控爱思开科技有限公司、北京西门子汽车电驱动系统有限公司。通过这一资源整合，北汽新能源获得了电动汽车锂离子动力电池（BESK）以及高效电驱动动力总成的研发和生产能力。在2015—2017年"因势而进"阶段，中国新能源汽车制度安排开始聚焦到消费引导、基础设施建设等需求面上，北汽新能源启动增资扩股工作，国轩高科等产业链核心企业入股，北汽新能源由国有股份制公司转变为混合所有制公司。同时，为了整合全球研发资源，北汽新能源在硅谷、巴塞罗那等地建立多个海外研发中心，在分时租赁、充电桩基础设施建设等领域与一系列合作伙伴开展合作，实施对资源基础进行更新。制度环境在促进企业获取外部资源的同时，也会限制其对外部资源的获取。2016年，工信部对新能源汽车电池进行规范管理并与补贴进行捆绑，由于SK三元锂电池尚未进入目录，北汽新能源需要重新进行资源匹配。综上所述，制度环境演进影响了企业利用初始资源获取资源、对资源基础进行重构的过程，而企业通过资源优化配置提升了资源整合能力。

（三）制度环境影响新创企业机会利用

在制度环境及其演进下，企业机会识评、资源获取、资源整合等创业行为都会受到影响并且进行适应性调整，并最终对机会利用行为产生影响。通过案例分析，可以发现北汽新能源在不同发展阶段其机会利用行为均受到制度环境的影响。在创业初期，北汽新能源识别到新能源汽车这一创业机会后，通过"外引内联"进行资源拼凑，迅速开发出 E150EV 纯电动汽车，于 2012 年 4 月向公务和私人用户交付，并向出租车市场进行投放，正式进入新能源汽车市场。在 2013—2014 年"因势而动"阶段，为了利用国家和北京市对新能源汽车进行示范推广这一制度环境演进带来的私人新能源汽车市场开始启动的机会，北汽新能源对公司进行了股份制改革，成为北汽集团二级子公司，注册资本提高到 20 亿元，并成立了北汽新能源营销公司，加大私人用新能源汽车市场渗透力度。以此为基础，北汽新能源以制度演进方向为导向，以产业市场化为最终趋向，利用自身动态能力，创造性识别、整合、获取外部资源，对动力电池、电驱系统等新能源汽车核心技术进行升级，在终端市场推广和新能源汽车充电基础设施建设上与产业链相关企业进行广泛合作。在这一阶段，北汽新能源发布了 EV200 和 ES210 两款重要产品，形成了覆盖私人及公务新能源汽车市场的产品组合，并进入全球纯电动汽车销售前四强。在 2015—2017 年"因势而进"阶段，随着新能源汽车制度环境的产业化发展转变以及地方国有企业混合所有制改革的推进，以增资扩股、提高注册资本为契机，北汽新能源整合海内外研发资源、国内生产资源，打造生态圈，提升企业竞争力。北汽新能源在外部资源获取方式上也进行了适应性调整，为了破解新能源汽车市场化过程中面临的充电难、接受度低等难题，北汽新能源从价值链入手，与关键利益相关者展开广泛合作，整合利用合作伙伴的资源与动态能力，为实现新能源汽车市场化应用这一互利共赢目标共同努力，具有典型的创业共创特征[1]。2017 年，北汽新能源整车销售超过 10 万辆，销量同比翻了近一翻，继续领

---

[1] Riad Shams and Hans Ruediger Kaufmann, "Entrepreneurial Co-Creation: A Research Vision to Be Materialised", *Management Decision*, Vol. 54, No. 6, 2016.

跑国内新能源汽车企业。此外，制度环境通过产业规划和激励机制还会影响企业技术路线选择、产品研发以及商业模式设计。北汽新能源对纯电动技术的坚持、产品换代升级以及生态系统打造都是为了适应并最大化利用制度环境带来的机会。

从案例中可以看出，制度环境作为"游戏规则"，通过提供市场机制之外的激励与约束机制，对经济活动参与者的行为进行约束、规范与指引，为新创企业提供了初始创业机会。国有企业在对制度机会的识别与评估中，除了企业现有资源禀赋、在机会利用中所需其他资源组合以及最高管理者个体因素影响外，制度环境塑造的产业环境以及发展预期，特别是地方政府意志也会对其产生影响。在制度环境的影响下，企业对外部资源进行识别、获取与整合，并对机会进行利用。制度环境的进一步演进，会为企业提供新的机会信号、激励机制与惩罚措施，进而影响企业对新机会的识别评估、资源获取、整合与机会利用。这一演进过程的不确定性与复杂性，加大了企业机会资源一体化行为的难度，需要动态能力进行支持。在动态演进的制度环境下，企业的机会资源一体化行为并不是即兴而为，而是以动态能力为基础对制度环境的创造性适应与利用。能否不断感知、适应制度环境演进方向，并对资源基础进行重构与提升，是企业能否利用制度机会的关键。企业在关键资源获取方式上需要与制度演进相适应，与关键利益相关者进行创业共创，通过参与生态系统构建以提高其关键资源获取及机会利用能力是企业在制度环境演进下创业行为的一个新特征。

第二节　制度环境、动态能力对企业创业行为影响：一个理论模型的构建

基于上述案例讨论中有关制度环境、动态能力对企业创业行为

影响机理的分析与探讨，结合北汽新能源在中国新能源汽车制度环境动态演进过程中的具体创业实践，本研究构建了制度环境、动态能力对企业创业行为影响理论模型（见图6.1）。这一模型主要包括了制度环境、动态能力与创业行为三项构念，其中：制度环境是企业创业的外部影响因素，动态能力是企业面对动态演进的制度环境感知创业机会、进行学习以及对资源进行整合、重构以实现创业机会利用和竞争优势获取的能力保障，创业行为则是企业在创业过程中机会资源一体化行为的整合。上述三项构念涵盖了现今中国企业在创业过程中的主要内外部因素，上述构念间作用机理如下（见表6.5）。

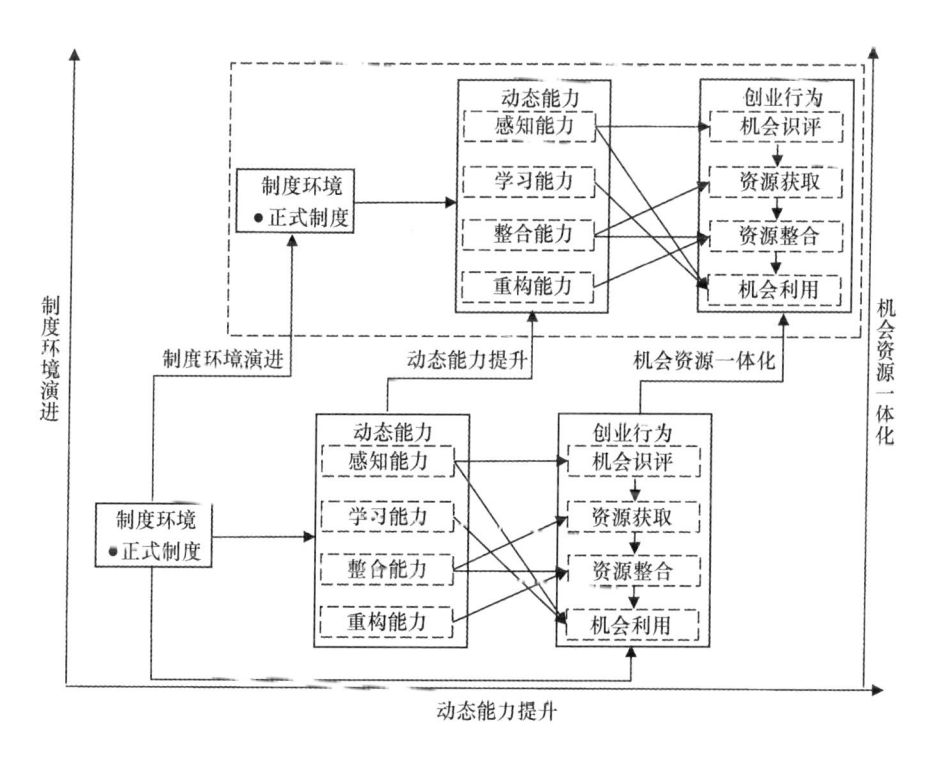

图6.1 制度环境、动态能力对企业创业行为影响理论框架

首先，制度环境作为企业创业环境的重要组成部分，是企业动

态能力形成的具体情境与促进因素，驱动动态能力的形成与提升。制度环境及其动态演进是新创企业动态能力形成与发展的必要环境，制度环境的动态性使得企业所面临的激励与约束机制不断发生阶段性变化，进而带来市场的动态性，也会对企业所在的产业生态系统产生一定影响，这需要企业通过自身的感知能力对市场机会进行把握与预判。同时，新的市场机会需要企业依靠学习能力提高研发、市场开拓等能力，通过合作对外部资源进行整合以及对自身资源基础进行重构，形成适应制度环境及其演进又与机会相匹配的资源与能力基础。与此同时，制度环境的动态演进也会驱使企业自身对其动态能力进行适应性提升和发展，以更好地适应制度环境演进所带来的动态性。在这一过程中，动态能力在不断得到发展的同时形成了路径依赖与自我强化，实现了螺旋式提升。制度环境及其动态演进一方面促进企业形成并提升动态能力，而动态能力反过来会提高企业对复杂多变环境的适应性，从而提高机会利用的可能性。

其次，动态能力为企业在外部动态变化的制度环境中，识评机会，获取、整合资源并实现机会利用等机会资源一体化行为提供了能力支撑。制度环境及其动态演进一步增强了企业创业活动所面临外部环境的复杂性与动态性，使得企业实现成功创业面临更大的难度，企业需要培养并且提升自身的动态能力予以适应应对制度环境的动态性。动态能力对于企业创业行为的影响机理如下：感知能力有助于企业快速识别、评估创业机会，预测市场需求及其变化趋势并做出反应；学习能力有助于企业在对外合作中获取互补性知识并对其进行内化，有意识提升自身研发、生产与市场营销技能，促进机会利用；整合能力、重构能力有助于企业有效选择外部资源并进行整合，对企业自身资源基础进行重构，形成可以实现机会利用的资源基础。从企业创业的过程来看，在初始创业阶段，动态能力使得企业可以敏锐识别、评估机会，通过对外部资源整合、重构，可以快速形成与机会相匹配的资源基础。随着制度环境的不断演进与新创企业的发展，原有经验的积累与学习机制作用的发挥会进一步提升动态能力，使企业能够优化、升级并形成与制度环境相匹配并具有一定前瞻性、能够快速利用制度机会的资源基础，对市场做出快速反应，获取竞争优势来源，提升企业业绩。而新创企业资源构建过程也是一种组织管理形成过程，反过来会进一步促进动态能力的形成与提升。

最后，制度环境及其演进通过制度安排塑造了企业面临的政治、社会、经济等方面的激励与约束机制，影响企业机会识评、资源获取、资源整合以及机会利用等机会资源一体化行为。制度环境及其演进通过相关制度安排会为企业创业提供机会信号与方向指引，进而影响新创企业对创业机会的识别与评估。在制度演进的过程中，企业需要不断根据制度变化释放的机会信号，对机会进行不断识别与评估，从而为自身资源配置、整合与重构提供支撑。同时，制度环境及其动态演进还会为新创企业所处的产业生态系统与价值链提供不同的激励机制，为此，企业获取什么资源、如何获取、采取什么方式对资源进行整合以及重构，如何构建与机会相匹配的资源基础均会受到制度环境及其演进的影响。一些同样感知到制度环境及其演进带来创业机会的产业生态系统内部企业为企业进行资源获取提供了来源，有效的制度安排可以促进产业生态系统的良性发展与进化。但值得注意的是，制度环境及其演进也会通过约束机制，限制企业的资源获取。企业在机会识评、资源获取与整合基础上，如何将资源与能力调配到满足客户需求的产品与服务上实现机会利用也会受到制度环境提供的激励与惩罚机制的影响。

在这一理论模型中，制度环境是动态演进与变化的，对企业资源一体化等具体创业行为产生直接影响，动态能力表现为对制度环境的适应与对创业行为的支撑，企业要捕捉并利用制度机会，必须建立并持续提高适应制度环境及将机会与资源进行匹配的动态能力。这一理论模型以企业具体创业行为为着眼点，将外部制度环境与内部动态能力相结合,可以用来解释动态演进制度环境下企业创业行为问题。相对于以往研究或使用制度理论从产业层面研究制度环境对企业创业行为影响,对企业具体影响探索不够,或使用动态能力理论解释企业资源整合与竞争优势获取问题,缺乏对制度环境动态演进的考虑,这一理论模型进行了有益的扩展与补充。

表 6.5 构念间关系结构及典型例证

构念间关系结构	结构性语句	典型例证
制度环境→动态能力	制度环境演进及其带来的市场动态性驱动企业动态能力的形成以及强化	A. 外部制度环境的动态变化促使北汽新能源以感知、学习、整合和重构等为维度的动态能力的形成与发展,其对外部机会识别能力的增强以及资源整合范围、方式与深度的变化均是其有利体现(案例分析) B. 2009 年为响应国家出台的新能源鼓励政策,企业外引内联,加强多方合作,整合上游企业资源,促进新技术的市场导入,适应新能源汽车发展要求(S-N-331) C. 2011 年北京市为了进一步调整产业结构,大力推进新能源汽车研发与应用。因此北汽集团顺应政策的变化调整产业结构,把新能源汽车作为集团的重要战略(S-J-334)
动态能力→创业行为	动态能力有助于企业快速识别、评估创业机会,对企业资源进行优化、重构,与机会进行匹配	A. 通过在美国硅谷、德国亚琛以及中国北京建立的三大研发中心,北汽集团将整合国际技术资源和人才优势发展新能源汽车,达到技术、服务和商业运营模式的创新(S-N-303) B. 北汽集团联合国企、民企、私企共同探索换电模式,交付运营全球最大的出租车充换电站,以大规模定制的方式推动换电模式规模化商业运行(S-N-306) C. 北汽新能源汽车通过一系列人才引进已经建立了一支拥有多名知名专家、学者、教授等高端技术人才和管理人才的优秀团队(S-J-277)

续表

构念间关系结构	结构性语句	典型例证
制度环境→创业行为	制度环境及其演进通过提供激励与惩罚机制，为企业提供初始创业机会来源，并影响企业机会利用与资源利用	A. 国家政策的出台，增强了我们开发新车型的信心。政府会配套相关的政策，包括资金的支持，也包括政策环境的改善。国家的产业发展规划，明确了产业发展的目标和产业路线，对具体工作的指导也是非常及时的。在未来发展中，我们北汽将继续加大研发投入（S-J-317） B. 2010年电动汽车标准、新能源补贴优惠政策的出台，使得电动汽车的大好前景已经逐渐凸现，各汽车企业关于电动汽车的发展规划也越来越清晰，都加快了电动汽车的上市销售（S-N-314） C. 为了响应北京市政府的号召，北汽集团在2009年11月成立了北汽新能源公司，主要针对纯电动汽车的研发、生产与制造（S-J-326）

第七章

研究结论与启示

　　本研究的核心问题在于基于中国新能源汽车产业制度环境动态演进,在新能源汽车创业活动不断升温的背景下,针对在创业行为研究中制度环境与动态能力相割裂这一理论缺口,将制度环境与动态能力相结合,探讨制度环境、动态能力对企业创业行为影响机理。本章首先对本研究的主要结论进行了简要回顾,对构念间影响机理及理论模型进行了阐述。接下来,从丰富了制度理论在创业研究中的应用,将"能力"与"过程"相融合的视角对动态能力进行概念界定并对其维度进行划分以及从更为融合的视角为动态制度环境下企业创业行为提供理论解释等三个方面对本研究的理论贡献进行阐述。其次,基于纵向案例研究过程的发现,对企业在动态演进的制度环境下更好地进行创业活动以及政府如何从促进企业创业视角进行制度安排提出了经验借鉴。最后,对本研究存在的局限进行了说明,并进一步对本研究未来可能需要进一步完善和深化之处进行了展望。

第一节　本研究的主要结论

　　制度理论和动态能力理论具有丰富的理论内涵,鉴于此,学者们经常将其运用到创业行为相关研究中[1][2]。制度理论将制度与组织相联系，为研究复杂组织行为提供了具有广泛适用性的理论基础。学者们认为，制度环境可以塑造新创企业面临的政治、社会和经济激励结构，进而限制新企业对资源、机会以及合法性的获取，从而影响企业创业行为。然而，现有基于制度理论对创业行为开展的研究还有待深入开展，一方面，多数学者在研究中没有明确界定所采取的制度理论流派；另一方面，有关制度环境对企业创业行为的微观影响机理缺乏深入研究，对制度环境与动态能力之间的作用机理尚未涉及。动态能力是对资源基础观（RBV）的进一步扩展，一些学者其引入对新创企业竞争优势获取研究中来。但学者们对动态能力内涵界定存在差异，构念维度划分以及测量方法和工具还需要进一步完善。更为重要的是，学者们在研究新创企业动态能力时，忽视了制度环境对动态能力的影响，对动态能力产生的背景缺少关注。创业行为作为理解新企业产生机理的关键，理论内涵并没有得到很好的界定，具体研究范畴也因研究视角不同尚未达成统一[3]。目前，学者们在研究创业行为时要么关注机会的外部性，集中在机会开发研究上；要么关注企业资源整合及能力的配置及利用，集中在资源开发研究上。但从单一视角开展创业行为研究忽视了机会和资源两者之间不可割裂的内在联系，不能反映创业行为的全貌。

中国独特创业情境及创业实践需要新的理论进行解释。发展战

---

[1] Garry D. Bruton, David Ahlstrom and Han-lin Li, "Institutional Theory and Entrepreneurship: Where Are We Now and Where Do We Need to Move in the Future?", *Entrepreneurship Theory and Practice*, Vol. 34, No. 3, 2010.

[2] David J. Teece, "A Dynamic Capabilities-Based Entrepreneurial Theory of the Multinational Enterprise", *Journal of International Business Studies*, Vol. 45, No. 1, 2014.

[3] 王秀峰：《创业者行为研究文献综述——连接创业者个体因素与创业过程及结果》，《科学学与科学技术管理》2016 年第 37 期。

略性新兴产业是促进我国产业结构转型升级和经济发展方式转变的重要支撑。自 2001 年启动 863 计划电动汽车重大科技专项以来，截至 2017 年，我国在国家层面相继出台了近 130 项有关新能源汽车的制度安排，新能源汽车产业制度环境不断演进、优化，新能源汽车领域创业活动正如火如荼地展开。北汽新能源、比亚迪等传统汽车制造企业纷纷进入新能源汽车领域并取得了良好的市场业绩，蔚来、小鹏等"造车新势力"也不断涌现，越来越多的社会资本也开始参与动力电池、驱动电机与充电桩等产业链中来，一时间新能源汽车产业成为创业者关注的热点。在一系列创业活动的促进下，目前，我国新能源汽车关键基础技术研发取得长足发展，相关零部件配套产业实力快速提升，充电桩等基础设施日趋完善，商业模式不断丰富创新。那么，为什么会有这么多企业进入这一领域开展创业，为什么其中一些企业取得了成功？

为此，基于上述理论缺口与中国新能源汽车企业创业实践，本研究将制度环境、动态能力与创业行为纳入同一研究框架内，探索制度环境、动态能力对企业创业行为的影响机理。本研究从新制度经济学所界定的正式制度切入，从"能力"与"过程"相融合视角对动态能力进行内涵界定，并将其划分为感知能力、学习能力、整合能力与重构能力四个维度，以反映新创企业动态能力实质。在创业行为概念操作上，借鉴蔡莉、葛宝山等学者有关机会资源一体化观点[1][2]，从机会与资源整合视角对创业行为构念开展测量。通过理论分析与纵向案例研究，深入挖掘制度环境、动态能力（感知能力、学习能力、整合能力与重构能力）对企业创业行为（机会识评、资源获取、资源整合、机会利用）影响和作用机理。纵向研究

---

[1] 蔡莉、鲁喜凤：《转型经济下资源驱动型与机会驱动型企业创业行为研究——基于机会与资源的整合视角》，《中山大学学报》（社会科学版）2016 年第 56 期。

[2] 葛宝山、高洋、蒋大可等：《机会—资源一体化开发行为研究》，《科研管理》2015 年第 36 期。

可以对案例研究对象的发展情况进行动态跟踪并进行充分探讨[1]，有助于在事实基础上进行提炼、完善理论构念并归纳构念间逻辑关系[2]，丰富现有理论，适应回答"如何"的问题，从而改变现有关于动态能力研究多从截面数据展开的约束。而之所以选择北京新能源汽车股份有限公司作为案例研究对象，也充分考虑了单案例研究对象的极端性和启发性[3]，力求得出的研究结论具有更强的解释性。本研究的主要结论包括以下三个方面。

第一，制度环境及其演进所带来的环境动态性是动态能力产生的具体情境，促进了动态能力的产生和发展。

国家和地方政府为了促进战略性新兴产业发展，所出台的制度安排一般具有阶段稳定与动态演进性两种比较鲜明的特征，使得企业面临非常复杂的创业环境。制度环境及其演进为新创企业提供不同的机会信号，使得企业所面临的激励与约束机制不断发生阶段性变化，需要企业通过自身的感知能力加以识别。而在面临制度环境所提供的创业机会时，通常企业自身的资源与能力不能支撑企业实现机会利用，需要企业利用自身的学习能力不断与外部资源进行合作，获取外部知识并进行消化、转化与利用。制度环境也会对企业所处的产业生态系统产生影响，进而影响企业对外部资源的获取。为此，企业需要利用自身的整合能力与重构能力，根据企业资源与能力差距，通过与外部企业开展合作，对外部资源进行吸收与重组，并对企业现有资源、能力进行重新配置，形成可以有效利用制度机会的资源与能力基础。可以看出，制度环境是动态能力产生与

---

[1] Suzana Rodrigues and John Child, "Co-Evolution in an Institutionalized Environment", *Journal of Management Studies*, Vol. 40, No. 8, 2003.

[2] Kathleen M. Eisenhardt, "Building Theories from Case Study Research", *Academy of Management Review*, Vol. 14, No. 4, 1989.

[3] Kathleen M. Eisenhardt and Melissa E. Graebner, "Theory Building from Cases: Opportunities and Challenges", *Academy of Management Journal*, Vol. 50, No. 1, 2007.

发展所处的重要外部环境①。

制度环境的阶段性动态演进促进了企业动态能力的持续提升和发展。制度环境通过激励和约束机制的不断变化，使得企业面临的机会信号和资源、能力需要在不断调整，会驱使企业自身对自身的动态能力进行适应性提升和发展，以充分适应制度环境演进所带来的动态性。在制度环境的不断演进下，动态能力在不断的发展和提升过程中会形成路径依赖和自我强化，提高企业应对制度环境的适应性。

第二，动态能力对企业机会识评，资源识别、获取、整合与机会利用等机会资源一体化行为有着重要影响。在制度环境及其动态演进下，企业面临的外部创业环境非常复杂和富于变化性，企业对创业机会的识别、评价，对创业资源的获取都面临非常大的难度，而动态能力作为企业应对外部环境动态变化的能力，对企业能否成功实现机会利用起到了关键作用。动态能力对企业创业行为影响机理如下：感知能力有助于企业快速识别、评估创业机会，预测市场需求及其变化，对产业趋势性变化做出预判与应对。制度环境及其动态演进通过激励与约束信号为企业提供创业机会，感知能力有助于企业在动态变化的制度环境中对创业机会进行快速识评，保持市场敏感性，深度挖掘客户需求，通过有针对性的产品开发促进机会利用。学习能力有助于企业获取互补性知识并对其进行内化，提升自身研发、生产与市场营销技能，促进机会利用。面对组织知识匮乏，不足以支撑新创企业开展技术创新、产品研发以及市场推广这一情境，学习能力将会帮助企业通过合作学习等手段进行有意识的知识获取并进行组织内化，使企业的知识储备始终与运营需求相匹配，动态提升企业研发、市场推广等能力，进而实现机会利用。整

---

① Ilídio Barreto, "Dynamic Capabilities: A Review of Past Research and an Agenda for the Future", *Journal of Management*, Vol. 36, No. 1, 2010.

合能力、重构能力有助于企业获取、整合外部资源，对自身资源基础进行重构，形成与机会动态匹配的资源基础。制度环境提供创业机会在产业发展前期通常具有市场体系不完善、配套体系不健全、资源相对匮乏的特征，企业资源与创业能力通常与创业机会不相匹配。整合能力、重构能力促使企业快速对自身资源、能力差距进行评估，有选择性、快速、有效获取企业所需资本、技术、研发与产能等关键资源，对资源与能力实现重构，与机会进行动态匹配。

动态能力对创业行为的影响具有循环往复性。在初始创业阶段，动态能力使得企业可以敏锐识别、评估机会，通过资源整合、重构，形成与创业机会相匹配的资源基础。随着制度环境的不断演进，动态能力会进一步自我强化，使得企业能够优化、升级并形成与制度环境演进相匹配资源基础，并获取竞争优势。

第三，制度环境通过塑造政治、社会和经济激励结构，影响新创企业对创业机会与资源的识别、获取，进而影响机会利用。纵观中国新能源汽车产业发展历程，可以发现中国中央和地方政府通过相关制度安排及其演进为这一领域中的创业者提供了机会信号与方向指引，利用政策工具的不断变化对企业创业行为进行引导与影响，通过"激励"与"约束"双重机制促进了创业者在这一领域开展创业活动。制度环境及其演进对新创企业机会资源一体化行为的影响路径及作用机理如下：制度环境影响新创企业对创业机会的识别与评估。制度环境作为"游戏规则"，通过提供市场机制之外的激励与约束机制，企业需要不断根据制度变化释放的机会信号，对机会进行不断识别与评估。制度环境塑造的产业发展环境及发展预期，特别是政府意志也会对其机会识别与评估产生影响。制度环境影响新创企业资源获取与整合行为。制度环境及其演进对企业实现机会利用的资源与能力基础不断提出新的要求，甚至对其可以使用的资源范围进行约束，企业获取什么资源、如何获取、采取什么方式对资源进行整合以及重构，如何构建与机会相匹配的资源与能力基础均受到制度环境及其演进的影响。制度环境影响新创企业机会利用。在制度环境及其演进下，企业机会识评、资源获取、资源整合等创业行为都会受到影响并且进行适应性调整，并最终对企业如何实现机会利用产生影响。此外，制度环境通过产业规划和激励机制还会影响企业技术路线选择、产品研发以及商业模式设计。

制度环境及其动态演进，增强了新创企业外部环境的不确定性和复杂性，在某种程度上提高了企业机会资源一体化行为的难度。在动态演进的制度环境下，企业的机会资源一体化行为并不是即兴而为，而是以动态能力为基础对制度环境的创造性适应与利用。

第二节　本研究的创新性

本研究立足于创业理论的前沿研究，针对创业管理研究中现有研究多从制度理论或动态能力理论单一视角进行切入所导致的理论研究盲点以及产业实践领域焦点问题，将制度理论与动态能力理论相结合，通过案例研究来揭示制度环境、动态能力对企业创业行为影响机理，进一步扩展、深化制度理论和动态能力理论在创业研究中的应用，具有一定的理论创新性和实践应用性。为了弥补现有研究要么基于制度理论对创业行为开展研究而忽略企业改变制度与商业生态系统的能力，要么基于动态能力理论对企业在动态环境中获取竞争优势问题开展研究而忽略动态能力所根植的环境特征，将制度环境与动态能力相割裂这一不足，将制度环境与动态能力纳入同一研究框架内进行研究。在变量操作方面，对于制度环境，本研究主要采用新制度经济学正式制度取向；对于动态能力，从"能力"与"过程"相融合视角对动态能力进行概念界定，将动态能力划分为感知能力、学习能力、整合能力与重构能力四个维度，以反映新创企业动态能力实质；对于创业行为，借鉴蔡莉和鲁喜凤、葛宝山等有关机会资源一体化观点,反映创业行为本质特征。在此基础上,本研究通过理论分析和案例研究,提出制度环境、动态能力与企业创业行为理论模型。据此,基于理论分析和案例研究,深入分析制度环境对新创企业动态能力形成及提升的影响路径,剖析不同维度动态能力对创业行为各维度的影响机理,进一步分析制度环境对创业行为各维度的影响路径,并提出制度环境、动态能力对企业创业行为影响理论框架。本研究具有较强的理论创新性,主要表现在以下三个方面。

第一,进一步丰富了制度理论在创业研究中的应用,从微观层面对制度环境对企业创业行为的影响开展了深入探讨。

目前,现有多数文献在基于制度理论对创业行为开展研究时,并未对其采取的制度流派进行说明以及学者多采取社会、组织视角,对新创企业如何在制度环境及其演进下开展创业活动,在这一过程中机会资源一体化行为受到哪些影响,以及对制度环境做出何种反馈研究存在不足这一现状,本研究试图基于新制度经济学正式制度视角,探索制度环境及其演进对微观企业创业行为的影响机理。

针对有关创业行为研究多从机会或者资源单一视角开展并呈现出高度碎片化这一现状,本研究采纳蔡莉、葛宝山等学者所提出的机会资源一体化观点,从机会与资源整合视角将创业行为构念划分为机会识别、资源获取、资源整合与机会利用四个维度,从而避免了原有机会开发或资源开发研究的片面性,进一步打开创业行为这一概念体系,有效提高对创业行为研究的聚焦性。在此基础上,本研究通过对2000年以来国家和北京市政府所出台的新能源汽车产业政策开展文本分析,对中国新能源汽车产业制度安排参与者、政策维度与组成、主要政策工具的演进与变化进行系统梳理,形成了完整的新能源汽车制度环境及其演进数据库。结合对北汽新能源的纵向案例研究,探讨中国不同阶段新能源汽车制度环境对新创企业机会资源一体化行为影响，具体分析制度环境对机会识评、资源整合和重构以及机会利用等不同创业行为的影响机理，打开了制度环境对微观企业创业行为影响黑箱，极大弥补了现有研究存在的不足。

第二，从"能力"与"过程"相融合的视角对动态能力进行概念界定并对其维度进行划分，进一步揭示动态能力对新创企业资源一体化行为的影响。

目前，学者们对动态能力概念界定要么基于"能力"视角，将动态能力视为企业整合、构建并重构内外部资源与能力以应对快速变化的外部环境的能力，要么基于"过程"视角，将动态能力视为一种组织日常运作惯例、过程与模式，对动态能力内涵认识的不同也导致对其构成维度划分存在差异。本研究将"能力"视角与"过程"视角相融合，将动态能力视为嵌入组织过程中的高阶能力，并将动态能力划分为感知能力、学习能力、整合能力与重构能力四个维度，明确各维度特征表述，并提出构念的测量方法，进一步完善动态能力的测量工具和方法，使其更加符合企业运营过程中动态能力的实质。

近年来，虽然学者们开始关注新创企业动态能力问题，但在微观层面探讨动态能力对企业创业行为具体影响机理的研究还鲜有所见。为此，通过纵向案例研究，从动态视角深入探讨了感知能力、学习能力、整合能力以及重构能力等不同维度动态能力对企业机会识评、资源识别、获取、整合与机会利用等机会资源一体化行为影响，从而弥补了相关理论研究不足，为制度环境动态演进下企业创业行为提供了新的解释。

第三，将制度理论与动态能力理论相融合，构建了制度环境、动态能力对企业创业行为影响理论模型，将外部制度环境与企业内部动态能力进行整合，从更为融合的视角为动态制度环境下企业创业行为提供理论解释。

学者们在对创业行为开展研究时，要么从制度理论视角进行切入忽视企业改变制度与商业生态系统的能力，要么研究动态能力对企业创业行为的影响而忽视动态能力所根植的环境特征，对两者内部相互交织并具有相互影响研究更是不足。本研究基于这一理论研究缺口，汲取制度理论与动态能力理论丰富的理论内涵，构建了制度环境、动态能力对企业创业行为影响理论模型，将外部制度环境与企业内部动态能力进行整合，从更为融合的视角为动态制度环境下企业创业行为提供理论解释。一方面，制度环境及其演进为企业创业行为提供了机会来源，影响了企业机会资源一体化行为；另一方面，企业对制度机会的识评与资源开发利用依靠的则是与制度环境演进相适应的动态能力，动态能力从某种程度上在制度环境与创业行为间起到了中介作用，并成为企业竞争优势的来源。这一理论模型联结了影响企业创业行为的内外部关键因素，为制度环境演进下的企业创业行为提供了新的理论解释。

第三节　本研究的启示

本研究以处于制度环境高度动态演进下的新能源汽车产业的创业活动为实践背景，以现有研究或基于制度理论、或基于动态能力理论对创业行为开展研究，忽略两者之间内在联系这一缺口为理论背景，对蝉联中国纯电动汽车销量桂冠的北汽新能源开展了纵向案例研究，在梳理制度环境、动态能力对创业行为影响机理的同时，也通过案例研究发现了在制度环境及其动态演进下，企业为了实现机会利用应该如何进行机会识评、资源整合、资源重构，为企业开展相关创业实践提供了经验借鉴。同时，基于对中国新能源汽车制度环境演进及其所带来的产业发展现状，对下一步制度安排的优化方向也得出了相关启示。

第一，在动态演进的制度环境中，企业必须形成并依靠敏锐的感知能力对创业机会进行识评。

制度环境是企业重要的外部环境组成部分，制度环境及其演进通过激励、约束机制的不断变化，会对企业创业行为提供机会信号与方向指引。企业识别、评价制度环境及其演进所提供的创业机会，所依靠的正是自身所具备的感知能力。本研究对中国新能源汽车产业制度环境及其演进进行了详尽梳理，自从 2001 年启动 863 计划电动汽车重大科技专项以来，截至 2017 年在国家层面共出台了近 130 项新能源汽车相关制度安排。在不同发展阶段，国家对新能源汽车产业发展目标、政策取向与政策工具使用均呈现出不同的特点，这为相关企业在新能源汽车领域开展创业活动提供了机会来源。北汽集团在 2006 年才开始参加国家"863 项目"，同一汽集团、上汽集团等国有汽车集团以及奇瑞汽车等民营汽车企业相比，无论是在新能源汽车基础技术储备还是在整车开发上均存在巨大差距。在国家不断出台制度安排支持新能源汽车发展以及北京市汽车作为支柱产业并出台相关政策支持新能源汽车发展这一制度背景下，北汽集团董事长徐和谊以及北汽相关技术专家凭借敏锐的感知能力识别到这一初始创业机会。而同期，一汽集团、上汽集团、东风集团等国内大型汽车企业集团，虽然从 2001 年开始就承担多项国家新能源汽车技术研发项目，但在整车研发以及市场化应用方面均没有太多投入，在某种意义上也错失了市场先机。

随着制度环境的不断演进，企业所面临的创业机会也在不断地发展、变化。在本研究的案例分析中，北汽新能源在 2009—2012 年"因势而谋"的初创阶段识别到初始创业机会后，在 2013—2014 年"因势而动"阶段以及 2015—2017 年"因势而进"阶段也识别到制度环境演进带来的私人市场启动以及新能源汽车即将进入快速增长期，并据此开展了资源整合、重构，形成了与制度机会动态匹配的资源、能力基础。为此，企业要想利用制度环境及其演进带来的制度机会，必须依靠自身的动态能力，特别是敏锐的感知能力对创业机会进行识评，而这种能力也要随着制度环境的不断演进进行动态提升。

第二，企业需要适时提升自身动态能力，以构建与机会相匹配的资源和能力基础，在实现机会利用的同时获取竞争优势。

制度环境及其动态演进在为企业提供创业机会的同时，对企业机会识评，资源获取、整合以及机会利用等维度的动态能力也有较高要求。对于新兴产业而言，企业在创业时对制度环境提供的激励措施高度依赖，而其面临的产业链并不健全，市场体系并不完善，对于创业资源的获取成为企业创业活动的重中之重。在这种情况下，企业必须以制度环境提供的激励信号为导向，对企业创业活动所需资源、能力提前预判，基于企业现有资源、能力现状，采取外引内联方式，通过与相关企业合作，快速获取所需技术、零部件等关键资源，对自身资源基础进行不断重构，形成与机会利用动态匹配的资源与能力基础。案例研究表明，北汽新能源在进入新能源汽车领域开始创业时，其所拥有的资源与能力基础与国外其他汽车集团相比处于劣势。在其识别到新能源汽车存在广阔的市场前景时，在成立之初就有企业分别合资成立了动力电池与驱动电机合资公司，成为当时业内唯一一家掌握电池、电机、电控新能源汽车三大核心技术的新能源汽车企业。随着制度环境演进，为了构建与机会相匹配的资源与能力基础，北汽新能源又开始与韩国SKI合作，提升动力电池水平，与德国西门子组建生产电驱动动力总成合资公司，进一步提高其动力电池、驱动电机和电控领域的技术水平。为了实现产品规划布局，北汽新能源根据自身技术提升需求，在德国亚琛、美国底特律、西班牙巴塞罗那等建立海外布局研发中心，整合全球研发资源。除了上述新能源汽车核心技术领域，北汽新能源在企业发展过程中，还不断与庞大集团、华商三优、富士康、中国石化等产业链相关企业合作，不断拓展产业生态系统，更好地促进新能源汽车的推广与应用。

伴随着上述一系列资源整合活动，北汽新能源也在动态地对自身资源基础进行重构，适应对外合作新需求。2014年3月，北汽新能源调整为由北汽集团发起、其他三家国有企业参股的股份制公司，注册资本调整为20亿元。2016年年初，北汽新能源启动增资扩股工作，由国有股份制公司转变为混合所有制公司。通过上述资源重构，北汽新能源可以更好地对外开展合作。有鉴于此，在动态演进的制度环境中，企业要想实现机会利用，必须依靠自身的动态能力，不断根据创业需求对外部资源进行整合、重构，创新外部资源识别与获取方式，与产业链关键利益相关者开展创业共创，通过构建生态系统实现价值共创，获取关键核心技术与零部件供应，提升自身研发、市场推广能力，才能不断利用创业机会，获取竞争优势。

第三，政府在出台相关制度安排时，应维持制度环境的阶段稳定性，为企业提供明确的激励与约束信号，引导企业开展创业活动。

制度环境作为企业创业过程中重要的外部环境，通过塑造政治、社会和经济激励结构，为企业提供了创业机会，同时也对其创业资源的获取产生了影响。国家在制定产业规划、出台相关制度安排时，要充分考虑企业需要相对稳定的制度环境从而构建与制度环境相匹配的资源与能力基础这一现实需求，对制度安排要清晰明确，同时要保持制度环境的阶段稳定性，为企业提供明确的机会信号，从而便于企业进行机会识评与机会开发。在具体制度安排上，要从传统补贴企业、补贴消费者向促进产业生态系统形成与发展进行转变。在产业发展初期，新创企业在外部资源获取上都会面临一定约束与限制，形成与机会相匹配的资源基础并非易事。而受制于自身资源与能力，企业不能依靠自身开展产品研发、零部件生产、市场推广等全部价值链环节，比较现实的选择是通过合作对外部资源进行整合、重构。为此，政府部门在出台相关制度安排时，一定要着眼于产业全价值链发展，注重市场培育，通过价值链协同创新推动产业市场化进程。

具体到新能源汽车产业，针对中国新能源汽车发展现状，新能源补贴退坡已是必然。在这种情况下，为了实现新能源汽车产业良性、健康发展，进一步加快新能源汽车市场化进程，可以将补贴向私人乘用车市场倾斜，以制度安排促进企业技术水平进一步提升，避免补贴资金无效利用。更为重要的是，要进一步出台制度安排加快新能源汽车产业生态系统发展，特别是针对充电基础设施等制度市场化应用的痛点有针对性地加大补贴力度。为了维护企业公平竞争、促进企业公平发展，中国需要从国家层面对地方新能源汽车备案目录进行规范，打破地方准入藩篱，推动全国统一市场形成，充分发挥市场机制实现企业间良性竞争，促进产业自身实现可持续发展。

第四节　研究局限与未来展望

一　研究的局限性

制度理论和动态能力理论具有丰富的理论内涵，为了理解创业行为提供了很好的理论解释。制度环境通过塑造激励和约束结构，提供并限制了新创企业对资源、机会，以及合法性的获取，对企业创业行为产生了重要影响。动态能力理论可以解释企业在动态变化的外部环境中如何获取竞争优势。针对现有研究中对两种理论存在割裂的研究缺口，本研究将制度理论与动态能力理论相结合，构建了制度环境、动态能力对企业创业行为影响理论模型，探讨了制度环境、动态能力对创业行为内在影响机理以及制度环境对动态能力的影响机理。作为探索性研究，本研究对于丰富创业理论具有一定贡献，但仍存在一些局限性，在未来研究中需要对此进行进一步改善及开展深入研究。

（1）为了研究制度环境及其演进与动态能力、创业行为之间的影响关系，本研究对北汽新能源这一具有代表性新能源汽车企业开展了纵向案例研究，在一定程度上避免了使用截面数据不能反映制度环境的动态演进以及企业创业行为的全貌。本研究采用纵向案例研究进行探索性研究，但受制于经验和时间限制，没有开展大样本实证研究，未来研究可以将截面数据与案例研究相结合，应用面板数据对理论模型进行进一步检验。

（2）为了提炼并归纳制度环境、动态能力与创业行为构念间逻辑关系，本研究采用的是纵向单案例研究。虽然这一选择考虑了单案例研究对象的极端性和启发性，可以保证得出的研究结论更有解释性，但本研究展示的是一个国有企业案例，转型经济中国有企业与政府间存在千丝万缕的关系，未来研究可需要以其他所有制企业、其他产业企业为对象，进行跨案例对比研究。

（3）在案例研究过程中，本研究总和使用半结构化访谈、非正式访谈与二手资料收集等多种数据收集方法，提高数据来源多元性，并对不同来源数据进行"三角验证"，在一定程度上提高了案例研究的信度和效度，上述数据收集方式可能在一定程度上受到被访者主观态度以及企业自身选择性信息披露的影响不能真实反映企业动态能力以及创业行为。未来，可以选择具有代表性企业进行实地观察记录，从而提高案例数据的准确性和客观性。

二 未来研究展望

本研究基于现有理论和纵向案例研究，对动态能力理论内涵进行了界定并提出维度划分及概念体系，基于中国新能源汽车产业制度演进过程中具有代表性的企业创业历程，深入探讨了制度环境、动态能力与创业行为之间作用机理。目前，这一研究还处于探索阶段，很多工作还需要进一步完善和深化，未来具有较大的研究空间。未来研究可以在本研究基础上进行如下的拓展和深化。

1. 探讨制度环境及其演进对私营企业创业行为影响

基于制度理论，进一步研究战略性新兴产业等制度环境动态演进下，与政府关系相对不是特别密切的私营企业，其创业过程中机会识别、资源获取、资源整合以及机会利用等机会资源一体化行为受到哪些影响，这一影响机理与国有资本企业有何差异，需要进一步研究，这将为促进企业创业相关制度安排制定提供依据。

2. 挖掘制度环境动态演进下，新创企业内部因素如何影响动态能力的形成与提升

本研究将制度理论与动态能力理论相结合，对企业外部的制度环境如何驱动企业形成并提升动态能力的机理进行了研究，但企业内部战略、文化以及自身制度也会对动态能力形成与提升产生影响，未来可以采用案例研究等质性研究方法对此进行深入探讨，而这一研究结果将对企业提高资源获取、整合能力并实现机会利用具有较强的指导意义。

3. 制度环境及其演进如果影响产业生态系统形成与发展

本研究通过纵向案例分析探讨了制度环境及其演进对企业机会识评、资源获取、资源整合与机会利用等机会资源一体化影响机理，在研究中发现企业资源获取与整合行为同样受到制度环境影响下产业链相关企业影响。为此，进一步探讨制度环境及其演进如何影响产业生态系统的形成与发展，并挖掘其对企业资源获取、资源整合行为的影响机理，对于优化制度环境、促进产业生态系统发展，进而提高企业创业成功可能性还需要进一步研究。

参考文献

鲍海峰：《资源型战略性新兴产业创新机制研究——以稀土材料产业为例》，《科学管理研究》2016年第34期。

蔡莉、单标安：《中国情境下的创业研究：回顾与展望》，《管理世界》2013年第12期。

蔡莉、柳青：《新创企业资源整合过程模型》，《科学学与科学技术管理》2007年第28期。

蔡莉、鲁喜凤：《转型经济下资源驱动型与机会驱动型企业创业行为研究——基于机会与资源的整合视角》，《中山大学学报》（社会科学版）2016年第56期。

蔡莉、尹苗苗：《新创企业资源构建与动态能力相互影响研究》，《吉林大学社会科学学报》2008年第48期。

蔡宁、贺锦江、王节祥：《"互联网+"背景下的制度压力与企业创业战略选择——基于滴滴出行平台的案例研究》，《中国工业经济》2017年第3期。

陈建军、王正沛、李国鑫：《中国宇航企业组织结构与创新绩效：动态能力和创新氛围的中介效应》，《中国软科学》2018年第11期。

陈衍泰、张露嘉、汪沁等：《基于二阶段的新能源汽车产业支持政策评价》，《科研管理》2013年第S1期。

董保宝、葛宝山：《新创企业资源整合过程与动态能力关系研究》，

《科研管理》2012年第33期。

董保宝、葛宝山、王侃：《资源整合过程、动态能力与竞争优势：机理与路径》，《管理世界》2011年第3期。

方世建、孙薇：《制度创业：经典模型回顾、理论综合与研究展望》，《外国经济与管理》2012年第8期。

冯军政、魏江：《国外动态能力维度划分及测量研究综述与展望》，《外国经济与管理》2011年第7期。

葛宝山、高洋、蒋大可等：《机会—资源一体化开发行为研究》，《科研管理》2015年第36期。

葛宝山、王一、马鸿佳：《基于动态能力视角的并购式内创业机理研究》，《科研管理》2017年第5期。

黄江明、赵宁：《资源与决策逻辑：北汽集团汽车技术追赶的路径演化研究》，《管理世界》2014年第9期。

黄少安、张卫国：《新老制度经济学理论体系的比较——从"本能，习惯"到"交易成本"》，《江海学刊》2007年第6期。

江诗松、龚丽敏、魏江：《转型经济背景下后发企业的能力追赶：一个共演模型——以吉利集团为例》，《管理世界》2011年第4期。

韩磊、王西、张新谊：《制度环境驱动了企业家精神吗？——基于法与金融的实证研究》，《现代财经》《天津财经大学学报》2017年第2期。

李飞、贺曦鸣、胡赛全、于春玲：《奢侈品品牌的形成和成长机理——基于欧洲150年以上历史顶级奢侈品品牌的多案例研究》，《南开管理评论》2015年第18期。

李高勇、毛基业：《案例选择与研究策略——中国企业管理案例与质性研究论坛（2014）综述》，《管理世界》2015年第2期。

李国强、徐湘林：《新制度主义与中国政治学研究》，《四川大学学报》（哲学社会科学版）2008年第2期。

李华晶:《绿色创业的路径差异与融合:基于新企业与在位企业的比较分析》,《中国科技论坛》2013年第9期。

李苏秀、刘颖琦、王静宇等:《基于市场表现的中国新能源汽车产业发展政策剖析》,《中国人口·资源与环境》2016年第26期。

李雪灵等:《制度创业文献回顾与展望:基于"六何"分析框架》,《外国经济与管理》2015年第4期。

李永洪、毛玉楠:《理解制度:对政治学中制度研究范式的再思考——兼论新旧制度主义政治学的差异》,《社会科学论坛》2010年第3期。

林毅夫、刘培林:《自生能力和国企改革》,《经济研究》2001年第9期。

刘名远、李桢:《战略性新兴产业融合发展内在机理及策略路径》,《经济与管理》2013年第11期。

刘兆国、韩昊辰:《中日新能源汽车产业政策的比较分析——基于政策工具与产业生态系统的视角》,《现代日本经济》2018年第2期。

柳青、蔡莉:《新企业资源开发过程研究回顾与框架构建》,《外国经济与管理》2010年第2期。

卢超、尤建新、戎珂等:《新能源汽车产业政策的国际比较研究》,《科研管理》2014年第35期。

卢现祥:《新制度经济学》,武汉大学出版社2011年版。

罗珉、刘永俊:《企业动态能力的理论架构与构成要素》,《中国工业经济》2009年第1期。

马鸿佳、董保宝、葛宝山:《创业能力、动态能力与企业竞争优势的关系研究》,《科学学研究》2014年第32期。

马鸿佳、宋春华、葛宝山:《动态能力、即兴能力与竞争优势关系研究》,《外国经济与管理》2015年第11期。

毛基业、李晓燕:《理论在案例研究中的作用——中国企业管理案例论坛（2009）综述与范文分析》，《管理世界》2010年第2期。

倪嘉成、李华晶：《制度环境对科技人员创业认知与创业行为的影响》，《科学学研究》2017年第4期。

欧湛颖、李新春：《高科技创业：政府与市场的作用》，《学术研究》2010年第5期。

唐鹏程、朱方明：《创业机会的发现与创造——两种创业行为理论比较分析》，《外国经济与管理》2009年第31期。

唐孝文、刘敦虎、肖进：《动态能力视角下的战略转型过程机理研究》，《科研管理》2015年第36期。

唐兴军、齐卫平：《政治学中的制度理论综述：范式与变迁》，《社会科学》2013年第6期。

田志龙、张泳：《中国电力行业的演变：基于制度理论的分析》，《管理世界》2002年第12期。

汪涛、赵国栋、王婧：《战略性新兴产业创新政策研究：以NEVI为例》，《科研管理》2016年第37期。

王瀚轮、蔡莉、尹苗苗：《创业领域动态能力研究述评》，《经济纵横》2010年第7期。

王玲、蔡莉、彭秀青等：《机会—资源一体化创业行为的理论模型构建——基于国企背景的新能源汽车新企业的案例研究》，《科学学研究》2017年第35期。

王玲玲、赵文红、魏泽龙：《创业制度环境、网络关系强度对新企业组织合法性的影响研究》，《管理学报》2017年第14期。

王洛忠、张艺君：《中国新能源汽车产业政策协同问题研究——基于结构、过程与内容的三维框架》，《中国行政管理》2017年第3期。

王秀峰：《创业者行为研究文献综述——连接创业者个体因素与创业过程及结果》，《科学学与科学技术管理》2016年第37期。

吴小节、彭韵妍、汪秀琼：《中国管理本土研究的现状评估与发展建议——以基于制度理论的学术论文为例》,《管理学报》2016年第13期。

武光、欧阳桃花、姚唐:《战略性新兴产业情境下的企业商业模式动态转换:基于太阳能光伏企业案例》,《管理评论》2015年第27期。

谢青、田志龙:《创新政策如何推动我国新能源汽车产业的发展——基于政策工具与创新价值链的政策文本分析》,《科学学与科学技术管理》2015年第6期。

熊勇清、陈曼琳:《新能源汽车需求市场培育的政策取向:供给侧抑或需求侧》,《中国人口·资源与环境》2016年第26期。

徐二明、肖坚石:《中国企业制度创业战略选择探析》,《科学学与科学技术管理》2016年第37期。

许晖、王琳、张阳:《国际新创企业创业知识溢出及知识整合机制研究——基于天士力国际公司海外员工成长及企业国际化案例》,《管理世界》2015年第6期。

许庆瑞、吴志岩、陈力田:《转型经济中企业自主创新能力演化路径及驱动因素分析——海尔集团1984—2013年的纵向案例研究》,《管理世界》2013年第4期。

尹珏林、张玉利:《制度创业的前沿研究与经典模型评介》,《经济理论与经济管理》2009年第9期。

余宜斌:《政治学:从旧制度主义到新制度主义》,《兰州学刊》2007年第7期。

曾萍、邓腾智、宋铁波:《制度环境、核心能力与中国民营企业成长》,《管理学报》2013年第10期。

张国强、徐艳梅:《新能源汽车政策工具运用的国际镜鉴与引申》,《改革》2017年第3期。

张险峰、葛宝山:《资源对公司创业行为的影响研究》,《对外经济贸易大学学报》(国际商务版)2011年第4期。

张玉利、曲阳、云乐鑫：《基于中国情境的管理学研究与创业研究主题总结》，《外国经济与管理》2014年第36期。

张玉利、赵都敏：《新企业生成过程中的创业行为特殊性与内在规律性探讨》，《外国经济与管理》2008年第30期。

赵康、陈加丰：《制度理论：多样性、对话和未来的挑战——制度理论国际最新研究动态介绍》，《经济研究》2001年第7期。

赵伟文：《韦伯制度文明思想研究——兼论当代中国制度创新》，硕士学位论文，华南师范大学，2003年。

郑刚、郭艳婷、罗光雄等：《新型技术追赶、动态能力与创新能力演化——中集罐箱案例研究》，《科研管理》2016年第37期。

中国汽车工业协会：《2018年新能源汽车产销均超125万辆，同比增长60%》，https://www.d1ev.com/news/shuju/85937，2019年5月20日。

周键、王庆金：《创业企业如何获取持续性成长？基于创业动态能力的研究》，《科学学与科学技术管理》2017年第38期。

卓越、张珉：《新制度经济学与政治学新制度主义的三个流派》，《教学与研究》2007年第11期。

［美］凡勃伦：《有闲阶级论》，商务印书馆1964年版。

［美］康芒斯：《制度经济学》，商务印书馆1962年版。

［美］拉坦：《诱使性制度变迁理论》，科斯等译，《财产权利与制度变迁：产权学派与新制度学派译文集》，生活·读书·新知三联书店、上海人民出版社1991年版。

［日］青木昌彦：《比较制度分析》，周黎安译，上海远东出版社2001年版。

［日］舒尔茨：《制度与人的经济价值的不断提高》，科斯等译，《财产权利与制度变迁：产权学派与新制度学派译文集》，生活·读书·新知三联书店、上海人民出版社1991年版。

A. Banu Goktan, "Impact of Green Management on CEO Compensation: Interplay of the Agency Theory and Institutional Theory Perspectives", *Journal of Business Economics and Management*, Vol. 15, No. 1, 2014.

Abdulrahman Al-Aali, David J. Teece, "International Entrepreneurship and the Theory of the (Long-Lived) International Firm: A Capabilities Perspective", *Entrepreneurship Theory and Practice*, Vol. 38, No. 1, 2014.

Alexander Ardichvili, Richard Cardozo and Sourav Ray, "A Theory of Entrepreneurial Opportunity Identification and Development", *Journal of Business Venturing*, Vol. 18, No. 1, 2003.

Andrew J. Hoffman, "Institutional Evolution and Change: Environmentalism and the U. S. Chemical Industry", *Academy of Management Journal*, Vol. 42, No. 4, 1999.

Andrew Pettigrew, "Longitudinal Field Research on Change: Theory and Practice", *Organization Science*, Vol. 1, No. 3, 1990.

Arie Y. Lewin and Henk W. Volberda, "Prolegomena on Coevolution: A Framework for Research on Strategy and New Organizational Forms", *Organization Science*, Vol. 10, No. 5, 1999.

Arild Aspelund, Terje Berg-Utbya and Rune Skjevdal, "Initial Resources' Influence on New Venture Survival: A Longitudinal Study of New Technology-Based Firms", *Technovation*, Vol. 25, No. 11, 2005.

Armen A. Alchian and Harold Demsetz, "The Property Right Paradigm", *The Journal of Economic History*, Vol. 33, No. 1, 1973.

Associationdes Constructeurs Europeensd' Automobiles (ACEA), Auto Industry Reacts to Deal on CO_2 Targets for Cars and Vans, 2019, https://www.acea.be/press-releases/article/auto-industry-reacts-to-deal-on-CO_2-targets-for-cars-and-vans.

Associationdes Constructeurs Europeensd' Automobiles (ACEA), CO_2

from New Cars up as Petrol Overtakes Diesel, 2019, https: // www. acea. be/press – releases/article/CO_2 – emissions – from – new – cars – up – as – petrol – overtakes – diesel – 2017 – data – shows.

Barbara Bird, Leon Schjoedt and J. Robert Baum, "Entrepreneurs' Behavior: Elucidation and Measurement", *Entrepreneurship Theory and Practice*, Vol. 36, No. 5, 2012.

Benyamin B. Lichtenstein and Candida Brush, "How Do 'Resource Bundles' Develop and Change in New Ventures? A Dynamic Model and Longitudinal Exploration", *Entrepreneurship: Theory and Practice*, Vol. 25, No. 3, 2001.

Bernard Leca, Julie Battilana and Eva Boxenbaum, *Agency and Institutions: A Review of Institutional Entrepreneurship*, Cambridge, MA: Harvard Business School, 2008.

Biaoan Shan, Li Cai, Donald E. Hatfield, et al., "The Relationship Between Resources and Capabilities of New Ventures in Emerging Economies", *Information Technology & Management*, Vol. 15, No. 2, 2014.

Birger Wernerfelt, "A Resource – Based View of the Firm", *Strategic Management Journal*, Vol. 5, No. 2, 1984.

Catherine L. Wang and Pervaiz K. Ahmed, "Dynamic Capabilities: A Review and Research Agenda", *International Journal of Management Reviews*, Vol. 9, No. 1, 2007.

Chimezie A. B. Osigweh, "Concept Fallibility in Organizational Science", *Academy of Management Review*, Vol. 14, No. 4, 1989.

Constance E. Helfat, "Know – How and Asset Complementarity and Dynamic Capability Accumulation: The Case of R&D", *Strategic Management Journal*, Vol. 18, No. 5, 1997.

Constance E. Helfat, Sydeny Finkelstein, Will Mitchell, et al., "Dy namic Capabilities: Understanding Strategic Change in Organizations", *Academy of Management Review*, Vol. 30, No. 1, 2007.

David Ahlstrom and Garry D. Bruton, "An Institutional Perspective on the Role of Culture in Shaping Strategic Actions by Technology Focused Entrepreneurial Firms in China", *Entrepreneurship Theory and Practice*, Vol. 26, No. 4, 2002.

David Ahlstrom and Garry D. Bruton, "Learning from Successful Local Private Firms in China: Establishing Legitimacy", *The Academy of Management Executive*, Vol. 15, No. 4, 2001.

David G. Sirmon, Michael A. Hitt and R. Duane Ireland, "Managing Firm Resources in Dynamic Environments to Create Value: Looking inside the Black Box", *Academy of Management Review*, Vol. 32, No. 1, 2007.

David J. Teece, "A Dynamic Capabilities-Based Entrepreneurial Theory of the Multinational Enterprise", *Journal of International Business Studies*, Vol. 45, No. 1, 2014.

David J. Teece and Gary P. Pisano, "The Dynamic Capabilities of Firms: an Introduction", *Industrial and Corporate Change*, Vol. 3, No. 3, 1994.

David J. Teece, "Dynamic Capabilities: Routines Versus Entrepreneurial Action", *Journal of Management Studies*, Vol. 49, No. 8, 2012.

David J. Teece, Gary P. Pisano and Amy Shuen, "Dynamic Capabilities and Strategic Management", *Strategic Management Journal*, Vol. 18, No. 7, 1997.

David M. Hart, "Making, Breaking, and (Partially) Remaking Markets: State Regulation and Photovoltaic Electricity in New Jersey", *SSRN Electronic Journal*, Vol. 38, No. 11, 2010.

Da-yuan Li and Juan Liu, "Dynamic Capabilities, Environmental Dynamism, and Competitive Advantage: Evidence from China", *Journal of Business Research*, Vol. 67, No. 1, 2014.

Devi R. Gnyawali and Daniel S. Fogel, "Environments for Entrepreneurship Development: Key Dimensions and Research Implications", *Entrepreneurship Theory and Practice*, Vol. 18, No. 4, 1994.

Donald F. Kuratko, Jeffrey S. Hornsby and James W. Bishop, "Managers' Corporate Entrepreneurial Actions and Job Satisfaction", *International Entrepreneurship and Management Journal*, Vol. 1, No. 3, 2005.

Donald Lessard, David J. Teece and Sohvi Leih, "Introduction to Special Topic Forum on Developing the Dynamic Capabilities of Global Companies Across Levels and Locations", *Global Strategy Journal*, Vol. 6, No. 3, 2016.

Donald R. Lessard, David J. Teece and Sohvi Leih, "Introduction to Special Topic Forum on Developing the Dynamic Capabilities of Global Companies Across Levels and Locations", *Global Strategy Journal*, Vol. 6, No. 3, 2016.

Douglass Cecil North, *Institutions, Institutional Change, and Economic Performance*, Cambridge: Cambridge University Press, 1990.

Douglass D. North, *Institutions, Institutional Change and Economic Performance*, New York: Cambridge University Press, 1990, p. 3.

Edith Penrose, *The Theory of the Growth of the Firm*, Oxford: Oxford University Press, 2009 (1959).

Einar Lier Madsen, "Entrepreneurship and Dynamic Capabilities—An Empirical Testing", *International Journal of Technology Intelligence & Planning*, Vol. 8, No. 4, 2012.

Elinor Ostrom, *Institutional Arrangements and the Commons Dilemma*, Rethinking Institutional Analysis and Development: Issues, Alternatives, and Choices, San Francisco: ICS Press, 1988.

Eric Yanfei Zhao E. Y., Greg Fisher, Michael Lounsbury, et al., "Optimal Distinctiveness: Broadening the Interface Between Institutional Theory and Strategic Management", *Strategic Management Journal*, Vol. 38, No. 1, 2017.

Ewelina Zarzycka, "Institutional Theory and Its Application in Management Accounting Research", *Theoretical Journal of Accounting*, Vol. 70, No. 126, 2013.

Garry D. Bruton, David Ahlstrom and Han-lin Li, "Institutional Theory and Entrepreneurship: Where Are We Now and Where Do We Need to Move in the Future?", *Entrepreneurship Theory and Practice*, Vol. 34, No. 3, 2010.

Garry D. Bruton, David Ahlstrom and Krzysztof Obloj, "Entrepreneurship in Emerging Economies: Where Are We Today and Where Should the Research Go in the Future", *Entrepreneurship Theory and Practice*, Vol. 32, No. 1, 2008.

George A. Zsidisin, Steven A. Melnyk and Gary L. Ragatz, "An Institutional Theory Perspective of Business Continuity Planning for Purchasing and Supply Management", *International Journal of Production Research*, Vol. 43, No. 16, 2005.

German Association of the Automotive Industry (VDA), CO_2 Development in Germany, 2019, https://www.vda.de/en/topics/environment-and-climate/CO_2-development/CO_2-trends-in-germany.html.

Graham W. Astley and Charles J. Fombrun, "Collective Strategy: Social Ecology of Organizational Environments", *Academy of Management Review*, Vol. 8, No. 4, 1983.

G. T. Lumpkin and Gregory G. Dess, "Enriching the Entrepreneurial

Orientation Construct—A Reply to 'Entrepreneurial Orientation or Pioneer Advantage'", *Academy of Management Review*, Vol. 21, No. 3, 1996.

Han Hao, Xunmin Ou, Jiuyu Du, et al., "China's Electric Vehicle Subsidy Scheme: Rationale and Impacts", *Energy Policy*, Vol. 73, No. C, 2014.

Hannu Makkonen, Mikko Pohjola, Rami Olkkonen, et al., "Dynamic Capabilities and Firm Performance in a Financial Crisis", *Journal of Business Research*, Vol. 67, No. 1, 2014.

Harold Demsetz, "Toward a Theory of Property Rights", *American Economic Review*, Vol. 57, No. 2, 1967.

Harry G. Broadman, *Building Market Institutions in South Eastern Europe: Comparative Prospects for Investment and Private Sector Development*, World Bank Publications, 2004.

Hokyu Hwang, Walter W. Powell, "Institutions and Entrepreneurship", in Zoltan J. Acs, David B. Audretsch, *Handbook of Entrepreneurship Research*, New York: Springer, 2005.

Ilídio Barreto, "Dynamic Capabilities: A Review of Past Research and an Agenda for the Future", *Journal of Management*, Vol. 36, No. 1, 2010.

International Energy Agency (IEA), "CO_2 Emissions from Fuel Combustion Highlights 2017", http://www.iea.org/publications/freepublications/publication/CO_2-emissions-from-fuel-combustion-highlights-2017.html.

Ismail Gölgeci, Jorma Larimo and Ahmad Arslan, "Institutions and Dynamic Capabilities: Theoretical Insights and Research Agenda for Strategic Entrepreneurship", *Scandinavian Journal of Management*, Vol. 33, No. 4, 2017.

James G. March and Johan P. Olsen, "The New Institutionalism: Organizational Factors in Political Life", *American Political Science Review*, Vol. 78, No. 734 – 749, 1984.

Jay Barney, David J. Ketchen Jr. and Mike Wright, "The Future of Resource-Based Theory: Revitalization or Decline?", *Journal of Management*, Vol. 37, No. 5, 2011.

Jay Barney, "Firm Resources and Sustained Competitive Advantage", *Journal of Management*, Vol. 17, No. 1, 1991.

Jay Barney, "Resource-Based Theories of Competitive Advantage: A Ten-Year Retrospective on the Resource-Based View", *Journal of Management*, Vol. 27, No. 6, 2001.

Jeffery S. McMullen and Dean A. Shepherd, "Entrepreneurial Action and the Role of Uncertainty in the Theory of the Entrepreneur", *Academy of Management Review*, Vol. 31, No. 1, 2006.

Jeffery S. Mcmullen, D. Ray Bagby and Leslie E. Palich, "Economic Freedom and the Motivation to Engage in Entrepreneurial Action", *Entrepreneurship Theory and Practice*, Vol. 32, No. 5, 2008.

Jeffry A. Timmons, *New Venture Creation: Entrepreneurship for the 21st Century*, New York: Irwin, 1999.

Jeremy C. Short, David J. Ketchen, Christopher L. Shook, et al., "The Concept of 'Opportunity' in Entrepreneurship Research: Past Accomplishments and Future Challenges", *Journal of Management: Official Journal of the Southern Management Association*, Vol. 36, No. 1, 2010.

Jie Wu, "Marketing Capabilities, Institutional Development, and the Performance of Emerging Market Firms: A Multinational Study", *International Journal of Research in Marketing*, Vol. 30, No. 1, 2013.

Jing Su, Qinghua Zhai and Tomas Karlsson, "Beyond Red Tape and

Fools: Institutional Theory in Entrepreneurship Research, 1992 – 2014", *Entrepreneurship Theory and Practice*, Vol. 41, No. 4, 2014.

João A. Ribeiro and Robert W. Scapens, "Institutional Theories in Management Accounting Change", *Qualitative Research in Accounting & Management*, Vol. 3, No. 2, 2006.

Jorge Ferreira, Arnaldo Coelho and Luiz Moutinho, "Dynamic Capabilities, Creativity and Innovation Capability and Their Impact on Competitive Advantage and Firm Performance: The Moderating Role of Entrepreneurial Orientation", *Technovation*, Vol. 92 – 93, No. 4 – 5, 2020.

Jorg Mahlich, "Patents and Performance in the Japanese Pharmaceutical Industry: An Institution-Based View", *Asia Pacific Journal of Management*, Vol. 27, No. 1, 2010.

Kathleen M. Eisenhardt and Jeffrey A. Martin, "Dynamic Capabilities: What Are They?", *Strategic Management Journal*, Vol. 21, No. 10 – 11, 2000.

Kathleen M. Eisenhardt and Melissa E. Graebner, "Theory Building from Cases: Opportunities and Challenges", *Academy of Management Journal*, Vol. 50, No. 1, 2007.

Kathleen M. Eisenhardt, "Building Theories from Case Study Research", *Academy of Management Review*, Vol. 14, No. 4, 1989.

Katri Kauppi, "Extending the Use of Institutional Theory in Operations and Supply Chain Management Research", *International Journal of Operations & Production Management*, Vol. 33, No. 10, 2013.

Li-Yu Wu, "Entrepreneurial Resources, Dynamic Capabilities and Start-up Performance of Taiwan's High-Tech Firms", *Journal of Business Research*, Vol. 60, No. 5, 2007.

Li Cai, Sergey Anokhin, Miaomiao Yin, et al., "Environment, Resource Integration, and New Ventures' Competitive Advantage in China", *Management and Organization Review*, Vol. 12, No. 2, 2016.

Magnus Henrekson, *Entrepreneurship and Institutions*, IFN Working Paper, Vol. 28, No. 4, 2010.

Majid Aramand and Dave Valliere, "Dynamic Capabilities in Entrepreneurial Firms: A Case Study Approach", *Journal of International Entrepreneurship*, Vol. 10, No. 2, 2012.

Maria Konnikova, "Humanities Aren'ta Science. Stop Treating Them Like One", *Literally Psyched: Scientific American Blog Network*, Vol. 1, No. 1, 2013.

Maria Minniti, "The Role of Government Policy on Entrepreneurial Activity: Productive, Unproductive, or Destructive?", *Entrepreneurship Theory and Practice*, Vol. 32, No. 5, 2008.

Mark Suchman, "Managing Legitimacy: Strategic and Institutional Approaches", *Academy of Management Review*, Vol. 20, No. 3, 1995.

Maurizio Zollo and Sidney G. Winter, "Deliberate Learning and the Evolution of Dynamic Capabilities", *Organization Science*, Vol. 13, No. 3, 2002.

Michael Haynie, Dean A. Shepherd and Jeffery S. McMullen, "An Opportunity for Me? The Role of Resources in Opportunity Evaluation Decisions", *Journal of Management Studies*, Vol. 46, No. 3, 2009.

Mike W. Peng, *Business Strategies in Transition Economies*, Sage: Thousand Oaks, CA and London, 2000.

Mike W. Peng, Denis Y. L. Wang and Yi Jiang, "An Institution-Based View of International Business Strategy: A Focus on Emerging Economies", *Journal of International Business Studies*, Vol. 39, No. 5, 2008.

Mike W. Peng, Sunny Li Sun, Brian Pinkham, et al., "The Institution-

Based View as a Third Leg for a Strategy Tripod", *Academy of Management Perspectives*, Vol. 23, No. 3, 2009.

Mike W. Peng, "Towards an Institution-Based View of Business Strategy", *Asia Pacific Journal of Management*, Vol. 19, No. 2 – 3, 2002.

Mike Wright, Igor Filatotchev, Robert E. Hoskisson, et al., "Strategy Research in Emerging Economies: Challenging the Conventional Wisdom", *Journal of Management Studies*, Vol. 42, No. 1, 2005.

Myeong-Gu Seo and William Edward Douglas Creed, "Institutional Contradictions, Praxis, and Institutional Change: A Dialectical Perspective", *Academy of Management Review*, Vol. 27, No. 2, 2002.

Nan Lin, *Social Capital, A Theory of Social Structure and Action*, New York: Cambridge University press, 2001.

Paul A. Pavlou and Omar A. El Sawy, "Understanding the Elusive Black Box of Dynamic Capabilities", *Decision Sciences*, Vol. 42, No. 1, 2011.

Paul J. Dimaggio and Walter W. Powell, "Introduction", in Walter W. Powell and Paul J. Dimaggio, eds., *The New Institutionalism in Organizational Analysis*, Chicago: University of Chicago Press, 1991.

Paul Louis Drnevich and Aldas Kriauciunas, "Clarifying the Conditions and Limits of the Contributions of Ordinary and Dynamic Capabilities to Relative Firm Performance", *Strategic Management Journal*, Vol. 32, No. 3, 2011.

Paul Steffens, Julienne M. Senyard and Ted Baker, "Linking Resource Acquisition and Development Processes to Resource-Based Advantage: Bricolage and the Resource-Based View" in *Adelaide, 6th AGSE International Entrepreneurship Research Exchange*, 2009.

Peter Gammeltoft, Helena Barnard and Anoop Madhok, "Emerging Multinationals, Emerging Theory: Macro-And Micro-Level Perspectives",

Journal of International Management, Vol. 16, No. 2, 2010.

Raquel Antolín López, Jeffrey York and Javier Martinez-del-Rio, "Renewable Energy Emergence in the European Union: The Role of Entrepreneurs, Social Normsand Policy", *Frontiers of Entrepreneurship Research*, Vol. 33, No. 14, 2013.

Raquel Antolín López, Jeffrey G. York and Javier Martínez-del-Río, "Entrepreneurial Cultural Work and Social Norms Driving Emerging Sectors: Renewable Energy in the EU", *Academy of Management Annual Meeting Proceedings*, Vol. 2013, No. 1, 2013.

Rasha Nasra and Tina Dacin, "Institutional Arrangements and International Entrepreneurship: The State as Institutional Entrepreneur", *Entrepreneurship Theory and Practice*, Vol. 34, No. 3, 2010.

R. Duane Ireland, Jeffrey G. Covin and Donald F. Kuratko, "Conceptualizing Corporate Entrepreneurship Strategy", *Entrepreneurship Theory and Practice*, Vol. 33, No. 1, 2010.

Riad Shams and Hans Ruediger Kaufmann, "Entrepreneurial Co-Creation: A Research Vision to Be Materialised", *Management Decision*, Vol. 54, No. 6, 2016.

Richard J. Arend, "Entrepreneurship and Dynamic Capabilities: How Firm Age and Size Affect the 'Capability Enhancement—SME Performance' Relationship", *Small Business Economics*, Vol. 42, No. 1, 2014.

Richard Swedberg, "Major Traditions of Economic Sociology", *Annual Review of Sociology*, Vol. 17, 1991.

Richard W. Scott, *Institutions and Organizations: Ideas and Interests (Third Edition)*, London: Sage Publications, 2008.

Richard W. Scott, *Institutions and Organization*, Thousands Oak, CA: Sage, 1995.

Robert A. Frosch and Nicholas E. Gallopoulos, "Strategies for manufacturing", *Scientific American*, Vol. 261, No. 3, 1989.

Robert K. Yin, *Case Study Research: Design and Methods*, California: SAGE Publications, 2009.

Robert Philip Weber, *Basic Content Analysis*, CA: Sage Publications, 1990.

Ronald Harry Coase, "The Nature of the Firm", *Economica*, Vol. 4, No. 16, 1937.

Ronald H. Coase, "The New Institutional Economics", *Journal of Institutional and Theoretical Economics*, Vol. 140, No. 229–231, 1983.

Roy Rothwell and Walter Zegveld, *Industrial Innovation and Public Policy: Preparing for the 1980s and 1990s*, London: Frances Printer, 1981.

Ruta Aidis, Saul Estrin and Tomasz Mickiewicz, "Institutions and Entrepreneurship Development in Russia: A Comparative Perspective", *Journal of Business Venturing*, Vol. 23, No. 6, 2008.

Scott Shane, *A General Theory of Entrepreneurship*, The individual-opportunity Nexus, Massachusetts: Edward Elgar Publishing, 2003.

Scott Shane and Sankaran Venkataraman, "The Promise of Entrepreneurship as a Field of Research", *Academy of Management Review*, Vol. 25, No. 1, 2000.

Selin Dilli, Niklas Elert and Andrea M. Herrmann, "Varieties of Entrepreneurship: Exploring the Institutional Foundations of Different Entrepreneurship Types Through 'Varieties-of-Capitalism' Arguments", *Small Business Economics*, Vol. 51, No. 293–320, 2018.

Shaker A. Zahra and Gerard George, "Absorptive Capacity: a Review, Reconceptualization, and Extension", *Academy of Management Review*, Vol. 27, No. 2, 2002.

Shaker A. Zahra, Harry J. Sapienza and Per Davidsson, "Entrepreneurship and Dynamic Capabilities: A Review, Model and Research Agenda", *Journal of Management Studies*, Vol. 43, No. 4, 2006.

Sharon A. Alvarez and Jay Barney, "Discovery and Creation: Alternative Theories of Entrepreneurial Action", *Strategic Entrepreneurship Journal*, Vol. 1, No. 1-2, 2007.

Sharon A. Alvarez, Susan L. Young and Jennifer L. Woolley, "Opportunities and Institutions: A Co-Creation Story of the King Crab Industry", *Journal of Business Venturing*, Vol. 30, No. 1, 2015.

Sidney G. Winter, "Understanding Dynamic Capabilities", *Strategic Management Journal*, Vol. 24, No. 10, 2003.

Sofia Avdeitchikova and Lars Coenen, "Commercializing Clean Technology Innovations: The Emergence of New Business in an Agency-Structure Perspective", *Papers in Innovation Studies*, No. 6, 2013.

Steve Maguire and Thomas B. Lawrence, "Institutional Entrepreneurship in Emerging Fields: HIV/AIDS Treatment Advocacy in Canada", *Academy of Management Journal*, Vol. 47, No. 5, 2004.

Steven A. Lippman and Richard P. Rumelt, "A Bargaining Perspective on Resource Advantage", *Strategic Management Journal*, Vol. 24, No. 11, 2003.

Steven E. Stemler, "An Overview of Content Analysis", *Practical Assessment Research & Evaluation*, Vol. 7, No. 17, 2001.

Suzana Rodrigues and John Child, "Co-Evolution in an Institutionalized Environment", *Journal of Management Studies*, Vol. 40, No. 8, 2003.

Tatiana S. Manolova, Rangamohan V. Eunni and Bojidar Gyoshev, "Institutional Environments for Entrepreneurship: Evidence from Emerging Economies in Eastern Europe", *Entrepreneurship Theory and Practice*, Vol. 32, No. 1, 2008.

Ted Baker and Reed E. Nelson, "Creating Something from Nothing: Resource Construction Through Entrepreneurial Bricolage", *Administrative Science Quarterly*, Vol. 50, No. 3, 2005.

Tom Elfring and Wiem Hulsink, "Entrepreneurs, Innovation and High-Technology Firms: The Network Effect", *The ICFAIAN Journal of Management Research*, Vol. 1, No. 5, 2002.

Violina Rindova and Suresh Kotha, "Continuous 'Morphing': Competing Through Dynamic Capabilities, Form, and Function", *The Academy of Management Journal*, Vol. 44, No. 1, 2001.

Walter W. Powell and Paul Dimaggio, *The New Institutionalism in Organizational Analysis*, Chicago: University of Chicago Press. 1991.

Wesley D. Sine and Brandon H. Lee, "Tilting at Windmills? The Environmental Movement and the Emergence of the US Wind Energy Sector", *Administrative Science Quarterly*, Vol. 54, No. 1, 2009.

Wesley D. Sine and Robert J. David, "Environmental Jolts, Institutional Change, and the Creation of Entrepreneurial Opportunity in the US Electric Power Industry", *Research Policy*, Vol. 32, No. 2, 2003.

Wiliam B. Cartner, "A Conceptual Framework for Describing the Phenomenon of New Venture Creation", *Academy of Management Review*, Vol. 10, No. 4, 1985.

William J. Baumol, "Entrepreneurship: Productive, Unproductive and Destructive", *Journal of Political Economy*, Vol. 98, No. 5, 1990.

William R. Meek, Desirée F. Pacheco and Jeffrey G. York, "The Impact of Social Norms on Entrepreneurial Action: Evidence from the Environmental Entrepreneurship Context", *Journal of Business Venturing*, Vol. 25, No. 5, 2010.

Xian Zhang, Ke Wang, Yu Hao, et al., "The Impact of Government Policy on Preference for NEVs: The Evidence from China", *Energy*

Policy, Vol. 61, No. 7, 2013.

Xuanwei Cao, Yipeng Liu and Chunhui Cao, "Institutional Entrepreneurs on Opportunity Formation and Exploitation in Strategic New Industry", *International Journal of Emerging Markets*, Vol. 9, No. 3, 2014.

Yingqi Liu and Ari Kokkob, "Who Does What in China's New Energy Vehicle Industry?", *Energy Policy*, Vol. 57, No. 21 - 29, 2013.

后　　记

　　时光飞逝，四年弹指一挥间。回首吉林大学管理学院博士后研究工作，收获颇丰。四年的学习研究让我对科研工作有了更深的领悟，这种收获及经历我会倍加珍视。

　　衷心感谢我的导师蔡莉教授。蔡莉教授严谨的治学风格与孜孜不倦的学术精神深刻地影响了我，为我点亮了学术灯塔，引领我走入创业管理这一广阔天地。对导师蔡莉教授的感激之情难以言表，唯有努力做好科研、教学工作才能予以回报。

　　感谢吉林大学管理学院葛宝山教授、李雪灵教授、陈海涛教授、朱秀梅教授、费宇鹏教授、马鸿佳教授、董保宝教授等老师的专业讲座与学术见解，令我拓展了学术视野，受益颇丰。感谢吕兴群、尹苗苗、郭润萍、陈彪、彭秀青、于海晶、蔡义茹等同门对我的支持。感谢单标安、鲁喜凤、王玲、杨亚倩在研究过程中给予我的帮助。

　　感谢延边大学金华林教授、南升大学李桂华教授、吉林大学庞德良教授多年来对我的指导、关心、支持与帮助。感谢所有向我传道、授业、解惑的老师，你们的教诲是我前行的路标。

感谢我的妻子、家人对我的支持与鼓励，让我心无旁骛、专心地开展科研工作。

未来，我将满怀感恩之心工作和生活，回报你们的关爱。

刘兆国

2021 年 9 月